ケータイで障がいのある子と

ちょこっとコミュニケーション

坂井 聡・宮崎英一 著

Gakken

はじめに

携帯電話を子どもたちに使わせるかどうかといった議論がもちあがっている。小学生や中学生に対しては携帯電話の使用を規制するという方向になっているようである。

この本では、障がいのある子どもたちにとって便利なツールであれば、携帯電話といったようなものも有効に使ってみたらどうだろうかということを提案している。規制の流れからは逆行しているのかもしれない。しかし、ツールを使うことが障がいのある子どもたちの生活を豊かにする可能性があるのである。リスクが大きいからという理由でこれらの便利なツールを使えないようにするというのではなく、それらを有効に使う方法を提案するべきではないだろうか。

「こんばんは、○○です。最近、学校に行きたくありません。友だちの視線が気になったり、僕がクラスにいてもいいのかと思います。モヤモヤしてます。死にたいです。つらいです。中学に行くまえにリラックスしたいです。何もかもいやです。明日学校に行く勇気もないけど、いかないかんと思います。でも昼まで頑張っていくつもりです。学校はいややけど大学には行きたいです。苦しくて死んでしまいたいです」

これは、小学校6年生のアスペルガー障がいのある子どもからきたメールである。この子どもは、何かを説明するときに、音声ではうまく表現できないことが多くある。そのたびに彼は黙って時を過ごすことになる。しかし、表現したいことはたくさんあるし、悩んでいることも多い。それを、文字であればこのように伝えることができるのである。

学校も担任の先生も一生懸命に取り組んではいる。しかし、彼は音

声でうまく表現することができないために、悩んでいることを担任の先生に伝えることができないのである。このメールの後、いろいろ対応しこの問題は解決していったのだが、それはこの子どもがメールを使うことができたからである。

このように、人によっては携帯電話の機能を有効に使って自分に降りかかってくる様々な課題を解決している。

携帯電話はその使いようによっては障がいのある人たちの生活を大きく変化させるものになりうる。なぜならば、障がいのある人たちが苦手としている部分を、携帯電話は得意としていることが多いからである。

例えば、「記憶すること」である。知的障がいのある人や高次脳機能障がいがある人の中には、おぼえておくことを苦手としている人が少なくない。昨日した作業内容や、ちょっと前に伝えられたことをおぼえておくことができないことがある。そのために何を伝えられたのかがわからなくなり、苦労しなければならないのである。

しかし、これは携帯電話が得意としているところである。動画や画像、文字や音声として記録しておくことで、おぼえておかなければならないことを携帯電話に記憶させることができるからである。頭の中におぼえておくことができないのであれば、それを携帯電話におぼえさせればいいではないかという発想である。

このような発想にたつと、携帯電話をうまく使えるように指導していくことができれば、障がいのある人たちがより質の高い生活をすることができるようになると考えることができる。この本はそのような視点から書きつづったものである。コミュニケーションに障がいのある人たちや、共に生活する人たちの、より質の高い生活につながればよいと思う。

もくじ

第2章 コミュニケーションの達人になろう

第3章 携帯電話でらくらくサポート

第1章

環境次第で障がいは消える!?

「自立」をどのように考えるのか

●「自立」という言葉の魔力

最初にこの本のスタンスについて確認しておきたい。何に対するスタンスなのかというと、それは「自立」という言葉についてである。「自立」について、どのように考えてこの本を書き進めていくのかということを最初に明らかにしておきたいと思う。

「自立」という言葉はとても曖昧な言葉のように思われる。明確に何を意味するのかを明らかにしないまま、多くの人がいろいろな意味で「自立」という言葉を使っているからである。よく考えてみると、私もあまり深く考えることなく「自立」という言葉を使っていたように思う。

「自立」という言葉は、とても聞こえのよい言葉であり、「自立を目指して」とか、「自立を実現するために」とか言われたりすると、とても前向きにがんばっていたり、困難さを解決すために何かしていたりするような感じに聞こえてしまう。「自立」という言葉の魔力である。

しかし、「自立」という言葉についての考え方を曖昧にしたまま本書を書き進めることはできない。なぜならば、本書ではコミュニケーションをテーマにしているからである。コミュニケーションと「自立」を切り離して考えることはできない。「自己決定」や「自己選択」など、「自立」と関係する言葉は、コミュニケーションととても関係が深いからである。そこでまず、「自立」という言葉について確認しておくことにする。

●尊厳ある人としてその人らしく生きる

「自立」という言葉を考えるうえで参考になるものがある。それは、社会福祉基礎構造改革についての骨子である。その中で、社会福祉の理念について、次のような一文がある。そこには、「個人が尊厳を持ってその人らしい自立した生活が送れるよう支える」と書かれている。この文章からは、対象となるその人が、尊厳をもって生きることができるように支えることが、「自立」した生活を支えることになるということを読み取れる。尊厳をもつことが、その人らしい「自立」につながるということである。その人が尊厳をもつためには、周囲の人がその人が存在すること自体をすばらしいと認める必要がある。周囲の人がその存在を認めないところには、尊厳は存在しないからである。このように考えていくと、「自立」という言葉のもつ意味が少し理解できてくる。

本書においては「自立」を「周囲の人に認められながら、尊厳ある人としてその人らしく生きること」と考えて、話を進めていくことにする。

「自立」を考えるために

●不可欠な周囲の理解

では、「自立」を実現するために何をすればいいのだろうか？

本書では障がいのある人たちの「自立」は、その障がいのある人が周囲の人に認められながら、尊厳ある人として生きていくということと考えて話を進めると述べた。簡単に言うならば、障がいのある本人もそれを支える周囲の人も、その人のもっている障がいと付き合っていくということになるのではないかと思う。

障がいと付き合っていくということは、本人だけに社会生活で必要なスキルを身につけてもらい、生活する中で工夫してもらえばそれでいいということではない。障がいがあるために、それが原因で一人の力で解決することができない生活上の困難さがあるからである。

しかし、一人では解決できないことも、周囲の人の支援で解決が可能になることがある。それには、周囲の理解が必要で、周囲の理解があってこそ実現するものである。いくらスキルを身につけることができたとしても、その人に対する周囲の理解がなかったらどうだろうか。その人は社会の中で生きていくことができないに違いない。

「自立」を考えるうえで、周囲の理解は不可欠なのである。周囲の理解があり、環境が整い、工夫することによって初めて障がいと付き合っていくことが実現できるのである。
　しかし、今までの支援を振り返ってみると、本人に求めるものが大きすぎたのではないかと思う。それは、学習指導要領に記されている目標の中にも見て取ることができる。以前、養護学校(現特別支援学校)で、「養護・訓練」が行われていた。学習指導要領の中には「養護・訓練」についての目標が書かれているが、その目標は「児童又は生徒の心身の障がいの状態を改善し、又は克服するために必要な……」というものであった。障がいのある本人が自身にある障がいを改善し、克服することに目標が設定され、教育現場ではそのために必要な力をつけるように指導しなければならない、という考え方であった。
　しかし、時代は大きく変わってきている。「養護・訓練」から新しくなった「自立活動」では、「個々の児童又は生徒が自立を目指し、障がいに基づく種々の困難を主体的に改善・克服するために必要な……」というように、その目標が記されている。つまり、障がいのある人の障がいそのものを改善・克服するのではなく、障がいに基づく種々の生活上の困難を改善・克服するというようになっているのである。

●障がいに起因する困難を改善・克服するためには

　このことは、障がいそのものを改善することが「自立」につながるのではなく、障がいによって起こる様々な困難を改善・克服していくことが「自立」

につながるということを示している。

障がいに基づく種々の困難を改善するためには、本人の力を伸ばしていくと同時に、環境を整える必要がある。障がいに基づく生活上の困難を、本人と環境のもつ双方の力で改善し克服するというように考えていかなければならないのである。

これらの考え方は、2001年にWHO（世界保健機関）が公表したＩＣＦ（国際生活機能分類）という考え方にも通ずるものである。ＩＣＦでは、障がいは、個人因子と環境因子の複雑な関係の中で起こるものであると考えている。わかりやすく言うと、障がいというのはその環境因子や個人因子のために、社会参加することができない状態や活動することができない状態を指すものと考えているのである。つまり、参加することができたり、活動することができたりすれば、その参加場面や活動場面においては、その人の障がいはないということになる。

●環境が障がいを作り出す

環境が障がいを作り出す例を挙げてみよう。次のような状況を想像していただきたい。

今、停電が起こったとしよう。停電はしばらく続くので、今日の活動は中止である。しかし帰ろうにも真っ暗なので帰ることができない。運の悪いことに、外は皆既日食だったのである。このような状態の中で、みなさんはどうやって移動するだろうか。停電が回復するまで待とうと考える人もいるだろう。しかし、停電も皆既日食も続くのである。意を決して帰らなければならない。真っ暗な中を帰らなければならないのである。四つんばいだったり、壁づたいでそろそろと移動していくだろう。真っ暗な環境になると、たちまち多くの人が障がいをもつことになってしまうのである。

ところが、みなさんが苦労して移動している横をすたすたと歩いて帰る人がいるのである。どういう人だろうか。それは、今、みなさんが視覚障がいがあるといっている人たちである。視覚障がいのある人たちは、白杖をつきながら、「今日は人がいっぱい四つんばいで動いているぞ」と言いながら、移動できなくて困っているあなたの横をすたすたと歩いていくのである。

つまり、真っ暗な環境では、晴眼者といわれていたあなたに障がいが生じ、視覚障がいがあり、「いろいろ困ったことがあって苦労するので大変ですね」

といわれていた人の障がいがなくなることになる。このように、環境が変われば、誰もが障がいをもちうるということである。

●環境を整えることで

環境が障がいを作り出すのであるから、その人が社会参加したり、活動したりできるようにするためには、環境を整える必要があるということになる。車椅子の人が参加できるようにするためにスロープを付けたり、視覚障がいのある人のために点字ブロックを敷いたりすることがその例としてあげられる。

図1は、ICFの概念図である。この図を見てわかることは、それぞれの矢印が双方向に向けられているということである。これはどのようなことかというと、環境因子や個人因子などが双方向に影響し合っているということである。

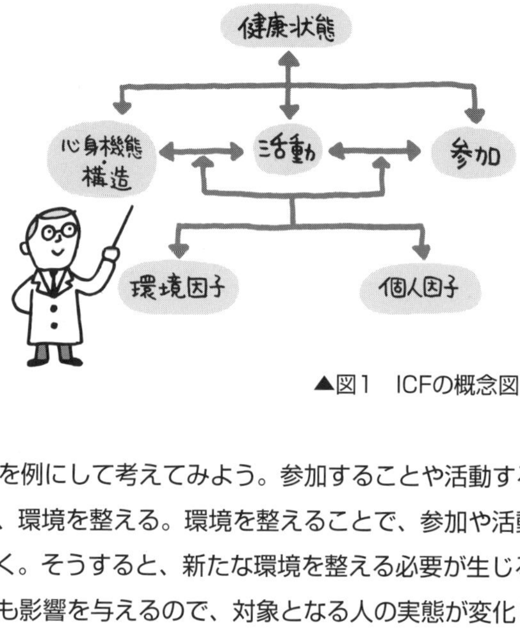

▲図1　ICFの概念図

環境因子を例にして考えてみよう。参加することや活動することを可能にするために、環境を整える。環境を整えることで、参加や活動ができるようになっていく。そうすると、新たな環境を整える必要が生じる。環境因子は個人因子にも影響を与えるので、対象となる人の実態が変化したら、それに対応した環境も考えなくてはならないためである。このような意味で、それぞれの要素は一方的なものではなく、双方向に影響を与え合っている。それゆえ、双方向の矢印で表されているのである。

環境を整えるためには、障がいのある人がもっている特性と力を本人と周囲が理解する必要がある。そうしなければ、的はずれな環境になってしまうことになりかねない。障がいと上手に付き合っていくためには、その人のもっている障がいについてもよく知らなければならない。そうすることで、その人に合った環境を整えることが可能になり、本来その人がもっている力を発揮することができるのである。

図2は、環境が整うことによって力を発揮することができるということを示している。左から伸びる力は、その人がもっている力である。その人のもっている力の大きさに応じて、支援ができればよい。つまり、支援の方から伸びている矢印は、支援する側が環境を整えることによって生まれる力の大きさを示しているということである。このように、その人のもっている力に応じて支援をすれば、誰もが同じことをすることが可能になるのである。

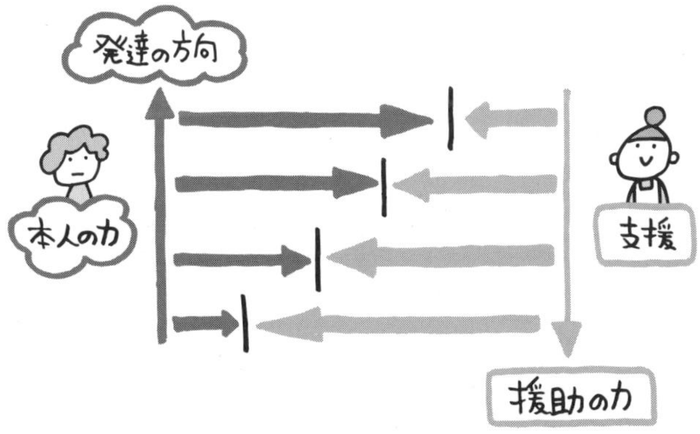

▲図2　本人の力と適切な支援

その人のもつ力をどう考えるのか

●力を掛け合わす

障がいのある人の特性や力をどのように考えていけばよいのだろうか。本人が今もっている力とはどのようなものなのだろうか。これを考える上での一つのヒントを与えてくれる実践がある。それは、大阪府箕面市の障がい者雇用センターの栗原さんたちが取り組んでいる実践である。

栗原さんたちは、障がいのある人たちの就労を成功させるために、オリジナルの仮説をもとに就労支援に取り組んでいる。その仮説とは、障がいのある人の一般就労が成功するためには、本人の能力×企業の力×地域の力が、一定の数値以上になる必要があるというものである。つまり、本人一人の力で就労が成功するのではなく、企業の力と地域の力が必要となるのである。これがなぜ、掛け算になっているのかというと、どれか一つでも力が0であったとしたら、就労は不可能になるからというのが理由であった。

この発想は、障がいのある人の支援を考える際に多くの示唆を含んでいる。この考え方は、私たちが日頃から関わっている障がいのある子どもたちにも通ずるものだからである。私は、この考え方を聞いたときに、子どもの力と、周囲の理解（環境）、そして、支援やツールが掛け合わされたときに、子どもの本当の力が発揮されるとしたらどうなるだろうかと考えた。障がいのある人たちのもっている本当の力を表すことができるのではないかと考えたのである。

どういうことなのかわかりやすく説明しよう。

●社会参加するには力が必要である

人間は障がいの有無に関わらず誰もが力をもっている。一般的にはその人自身がもつ能力といわれるものである。ここではその人がもつ能力というものを三つの違った方向で表現してみたいと思う。

一つは、発達とともに進んでいく方向である。その人自身がもつ力のことである。理解力やコミュニケーションの力、体力などもここに含まれるだろう。この力は成長とともに伸びていくと考えられるので、ここでは上向きの方向にベクトルをとってみよう。そして、力がつけばつくほど、この矢印は上方向に大きくなっていく。

もう一つは、支援やツールによって引き出される力の方向である。裸眼では小さい文字を読むことができない人は、眼鏡をかけて視力を矯正し、それまで見ることができなかった文字を読むことができるようにしている。コンタクトを使っている人も同様である。このような人は眼鏡やコンタクトというツールを使うことによって、本来もっている能力を発揮できるようにしているということなのである。

そのほかにも、計算機を使うことによって複雑な式の計算を正確にしたり、辞書を使うことによって外国語で書かれた文章が理解できたりするといったように、何かツールを使うことで課題を解決できるようにしている人もいる。

このように、支援やツールを使うことによって引き出される力がある。支援やツールを多く使い、それによって引き出された本人の能力が高ければ高いほど、この方向の力は大きくなる。

そしてもう一つの力である。この力は、周囲の人に、その人自身の力と、その人が利用している支援やツールも含めて理解されることによって引き出される力、つまり、周囲の人によって認められることによって引き出される力である。この力は周囲の人の理解が得られれば得られるほど、大きくなる。

そして、それぞれの方向に示された力を一辺とすると、図3のように、そこに一つの直方体を作ることができる。それぞれの力を一辺としたときにできるこの直方体が、本人のもっている本当の力を表す器であると考えることができるのである。

つまり、この直方体の器の容積がその人の能力になるのではないかと考えられるのである。誰もがこの直方体の容積で表される能力で、いろいろな場面で生活をしているということなのである。

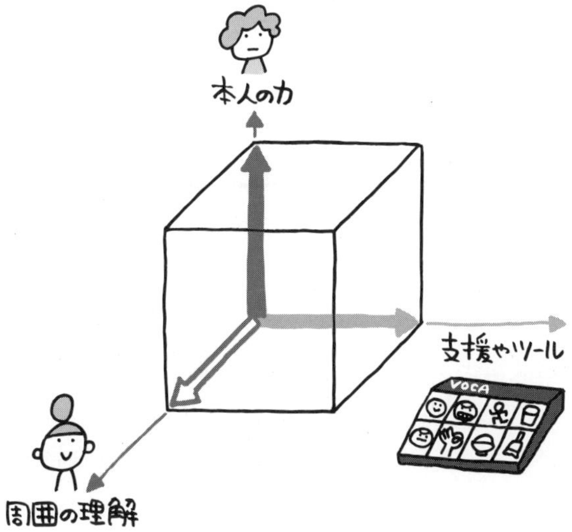

▲図3　本当の力を表す直方体

●式にしてみると

このように考えると、社会に参加していくためには、ある一定の容積で示される力が必要であるということになる。その直方体が一定の容積以上になったとき、その人の社会参加が実現できるのである。

ここで、社会参加に必要な容積（能力）をKとすると、これらの関係は、次のような式として示すことができる。すなわち、 本人の能力（X）×支援とツール（Y）×周囲の理解（Z）≧Kというものである。ここで重要なのは、本人の能力（X）＋支援ツール（Y）＋周囲の理解（Z）≧Kではないということである。これらは積であり、和にはならない。

仮に、本人の能力が非常に大きく、その力だけでKより大きくなったとしよう。しかし、その人は周囲から理解されていないとしたらどうだろうか。いくら本人に能力があったとしても、社会参加することはできないだろう。同様に、周囲の理解がいくらあったとしても本人の力が0であれば、社会参加をすることはできない。一つでも0があると、掛け合わされた力は0になってしまうからである。つまり、いずれの数値も0であってはならないということが重要なのである。和にならないのは、このような理由からである。

●障がいのある人の場合は

では、障がいのある人の場合はどのようになるのだろうか。

先にも述べたが、学校や療育機関などでは、今までは本人の力の部分を伸ばすことにエネルギーを注いできたように思う。つまり、図3でいえば上の方向に伸びるように、そこに力点を置いて考えてきたということである。自分の力だけで生活上の困難さを克服できるように訓練に力を入れてきたのである。

例えば、肢体不自由で脚に障がいのある子どもの場合を考えてみよう。その子どもは、自力で立って移動することができないため、歩行器を使って歩く訓練を継続的に受けている。その子どもの教室の移動を考えたとき、どのように考えればよいのかということである。

これまでの考え方だと、今、歩行器で練習をしている最中なので、教室の移動も訓練を兼ねて歩行器を使ったほうがよい、と考えることが多かったのではないだろうか。訓練の成果を出すべきだし、せっかく訓練しているのだから、それを生かすことが本人の力を伸ばすための最善の方法だと考えていたのではないかということである。

しかし、歩行器で移動すると時間もかかるし、体力も使う。次の授業に遅れてしまうことも考えられる。これは、訓練と学校生活が一体となっているのだから仕方がないのだろうか。その子どもにとって授業にはどのような目的があるのだろう。授業の中でしっかり学力を身につけ、自分の生活に生かすことができるようにすることが目標だとすると、授業に遅れたり、疲れた状態で授業に参加したりするのは、避けるべきではないだろうか。

このようなときに、移動することと訓練することを分けて考えるということはできないものだろうか。移動するための訓練をしているので、いろいろな場所で歩行器を使って練習をするという発想ではなく、今、楽に移動するためには電動車椅子を使ってみたらどうだろうかと考えてみるのである。そうすれば、少し遠くまで移動することができ、移動する目的は達成できると考えるということである。

訓練を否定しているのではない。訓練と移動手段をいつもセットにして考える必要はないのではないかということが言いたいのである。

●本人の力がまだ小さい場合は

次のページの図4を見ていただきたい。図3に比べて上方向の矢印が少し短くなっていることに気がつくだろう。つまり本人の力が図3に比べて少し弱いことを示している。この状態で図3と同じ支援とツールを使い、周囲の理解も同じであったとすると、そこにできる直方体の大きさは図3に比べて小さいものになってしまう。

社会参加するために必要な容積が図3の直方体で示されたものと同じだけ必要だとすると、図4の場合は容積が足らないことになる。つまり、その状態では、力が不足しているので社会参加ができないということになってしまう。

そこで、その容積を大きくする必要が出てくる。そのために、これまでは、本人の力を伸ばすことに焦点をあてて訓練を重視してきたのではないのだろうか。「このままでは力が足りないから、もっとがんばれ、がんばれ」と応援して、その方向の矢印を伸ばすようにしてきたのではないかと思うのである。しかし、本人の力を今すぐに変えることができない場合にはどうすればいいのだろうか。

図5を見ていただきたい。本人の力をすぐに伸ばすことができないのであれば、支援やツールを工夫してその方向の矢印を大きくするということを考えてみたときの図である。つまり、本人の力の部分を伸ばすのではなく、他の部分を伸ばし、底面積を増やすことによって社会参加に必要な容積を確保しようというのである。

図6を見ていただきたい。この場合は子どものもっている力が図4よりもさらに短くなっている。この矢印で表された子どもは障がいが重度であるために、さらに矢印が短くなってしまっていることを表している。このような子どもを対象とする場合には、支援やツールの方向に矢印を伸ばしたとしても、それだけでは十分な容積を確保することはできないだろう。だからといってあきらめることはない。図7のように周囲の理解の方向へも矢印を伸ばしてみるのである。そうすることで、底面積を増やすことができれば、容積も十分に確保できるのである。

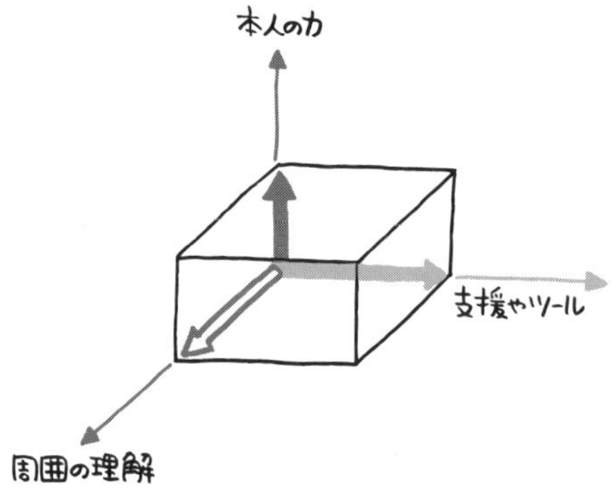

▲図4　障がいのある人の力が少し弱いと

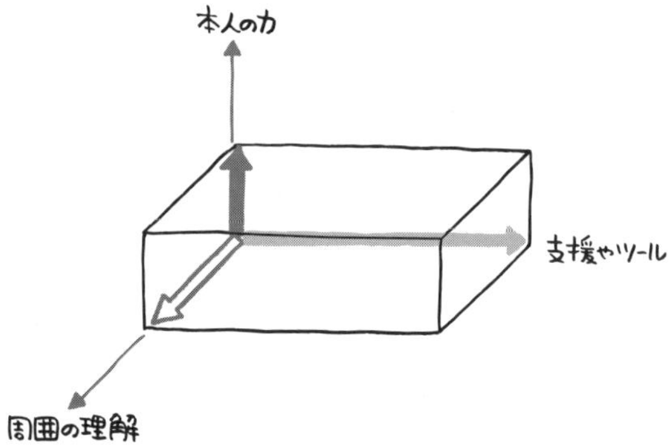

▲図5　障がいのある人が支援を受けたときの直方体

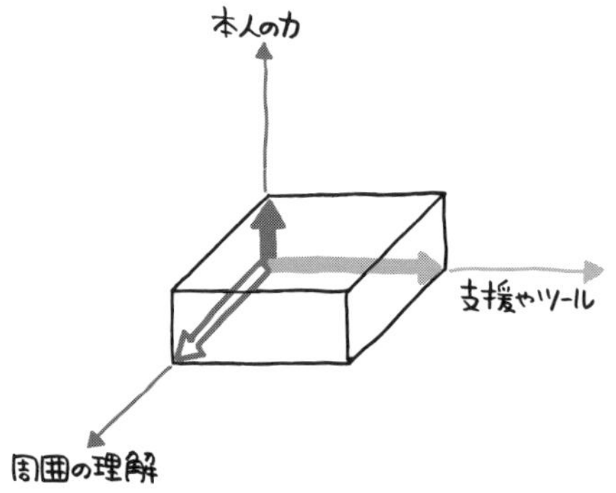

▲図6　重度の障がいのある人の場合は

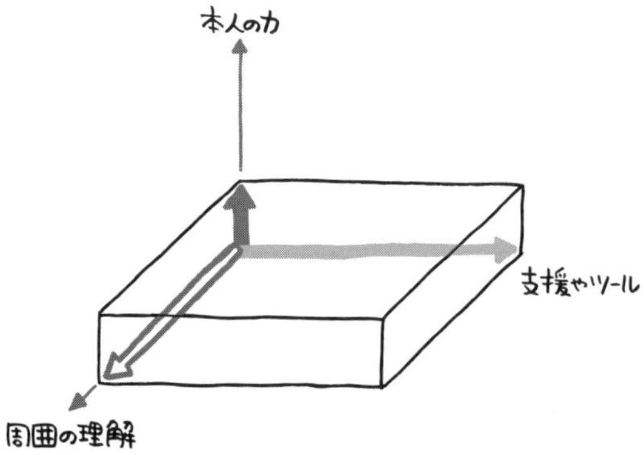

▲図7　障がいのある人が支援と理解を得たときの直方体

この考え方は、本人の力を伸ばすことを放棄するというものではない。今もっている力で社会参加ができるように方略を考えるということである。

もちろん、本人の力が伸びてくるにしたがって、支援やツールの使い方も変わってくるだろうし、周囲の理解も変わってくる。本人の実態によって矢印の大きさも変わってくるということなのである。

具体的な方法を考える

●解決策を導き出すために

では、障がいのある人に対する支援を考える際に、その人をどう理解し、何に対して支援するかを、どのように考えればよいのだろうか。具体的な支援を考える際に、どのようなことに注目する必要があるのだろうか。

具体的な方法を考えるときに大切なことは、障がいをもつその人が、生活していく上でどのようなことで困っているのかを考えることである。障がいがあるのだから仕方がない、というように考えてしまっては、具体的な解決策は見えてこない。具体的な解決策を導き出すためには、障がいがどのようなときに顕在化し、その結果どのようなときに困るのかを考える必要がある。

障がいのある人と付き合っていると、障がいは、その人が障がいをもってい

るから顕在化するのではないことに気が付く。障がいが顕在化するのは、その人がもっている障がいのために、能力的に解決することが困難なことがある場合である。このように考えると生活を支援するための具体的な方法も見えてくる。その人の困っていることを明らかにして、それを解決していくための方法について考えていけばよいということになるからである。

●どんなときに困るのか

では、どのようなときに障がいのある人たちは困るのだろうか。障がいのある人たちが困ることとして考えられるのは、どのような場合だろうか。少々乱暴かもしれないが、障がいが顕在化する場面がどのようなときなのかを考え、その人たちが困ってしまうような場面を簡単に整理しておきたい。困っていることが何なのかがわかってくると、それに対応するためのアイデアが浮かんでくるからである。表１を見ていただきたい。主な障がいと、障がいが顕在化する場面を整理したものである。

障がい	障がいが顕在化する場面
自閉症など、発達障がいがある場合	・対人関係のスキルが必要な場面 ・コミュニケーションしなければならない場面 ・こだわりなどが出た場面
知的障がいがある場合	・計算しなければならない場面 ・文字を読まなければならない場面 ・文字を書かなければならない場面 ・説明を求められた場面 ・たくさんのことを一度に伝えられた場面
肢体不自由がある場合	・階段の昇り降りの場面（下肢の障がいがある場合） ・遠くまで移動する場面 ・文字を書く場面（上肢の障がいがある場合）
視覚障がいがある場合	・文字を書かなければならない場面 ・文字を読まなければならない場面 ・見なければならない場面
聴覚障がいがある場合	・聞かなければならない場面 ・音声だけで伝えられる場面

表１　障がいが顕在化する場面

この表にある場面がすべて当てはまるわけではないし、他にもあるかもしれない。しかし、このように考えると、障がいというのは我々でも身近に体験する可能性があることがわかる。眼鏡を忘れてしまって本が読めない状況というのは、視覚障がいのある人と同じであるし、騒音の激しいところでは、音声での言葉を聞くことができにくいというのも同じである。

いずれにしても、表１のような場面に遭遇すると、障がいが顕在化してしまうために、生活上の困難さが生じることは理解できると思う。そこで、この苦手としていることに対して、具体的な解決策を考えていくのである。

解決策を考える際に、本人の力を伸ばすことによって解決する方法だけを考えるのではなく、具体的な支援のためのツールの導入も考え、同時に、周囲の環境を整えることによって解決する方法も探ってみることが大切であることを強調しておきたい。

●知的障がいや発達障がいのある人が困ること

ところで、知的障がいや発達障がいのある人が苦手としていることに起因して、生活していく上で困ることはどんなことなのだろうか。先にも述べたが、障がいのある人が困るのは、障がいがあることそのものに困るということではなく、障がいが顕在化したときに困るのである。

では、知的障がいのある人や発達障がいのある人はどのようなときに障がいが顕在化し、困ったことになるのだろうか。これについて、いくつか例を挙げながら考えるとともに、ちょっとした解決策の提案をしてみよう。

●伝えられたことが理解できなくて困っている

知的障がいや発達障がいのある人の中には、伝えられたことが理解できないために困っている人がいる。

例えば、知的障がいがある子どもの場合である。その子どもが少し興奮しているので、冷静になってもらいたいと思い、「少し頭を冷やしておいで」と言ったとしよう。しかしその声かけに対して、ますます興奮してしまう子どももいるだろう。子どもには「○△□※＃＄％＆」というようにしか聞こえ

ていないかもしれないのである。何を言われているかわからない状況の下で、同じことを何度も何度も繰り返されたら、誰でもイライラするのではないだろうか。あなたの言いたいことが音声では伝わっていないのである。何を言われているのかわからないからである。

同じような状況で、知的には遅れのない自閉症の人の場合である。これは実際にあった話であるが、「少し頭を冷やしてきなさい」と言われたために、冷蔵庫から氷を出してきて頭に当てていたということがあった。言葉を字義どおりにとってしまったために、伝えられていることの意味が理解できなかったのである。

この二つの例の理解できないことの原因は違うと考えられるが、伝えられたことがうまく理解できなくて困っているという点では同じである。

伝えられたことがわからない状況になると問題行動を起こすというのも私たちに共通することである。

例えば、みなさんがある研修会に参加したとしよう。研修会の講師はこちらが理解できない言葉で講義をするのである。「ピーチク、パーチク、ピーチク、ピーチク……」。このような研修会に、何時間も座っていられる人がいるだろうか。理解したいと考えて真剣にメモを取る人がいるだろうか。数分後には席を立って会場をあとにしようとするにちがいない。しかし、研修担当者はあなたを席に連れ戻すのである。「講義は終わっていません。まだ席は立たないでください。お戻りください」と。

「えー」と不満をもらしながらも席に戻る人もいるだろうが、それでも「ピーチク……」と続いたら、「わかるように話してください」と手を挙げて発言する人が出てくるだろう。そのとき講師はこのように反応するのである。「静かにしましょう。今は話すときではありません。お口はチャックです」。そしてまた「ピーチク……」と続けるのである。あなたは、「こんなところに参加できるか!!」「やってられない!!」と叫びながら出て行くかもしれない。人によっては入り口で席に戻るように指示する研修担当者を突き飛ばして……。

この行動は大きな問題行動としてとらえられてしまう。「制止した人を突き飛ばして出て行くというのは、どういうことだ」ということになるからである。しかし、このような行動を起こしたのには理由がある。その理由は、研修の講師がわからない言葉で講義を続けたからに他ならない。この場合、原因は誰にあるのだろうか。理解できないあなたが悪いのだろうか。それとも理解できるように伝えることができない研修の講師だろうか。

あなたは、そのような行動をとったことについて、その後、説明を求められたら、きちんと理由を説明することができるだろう。「真剣に聞こうとしても、訳のわからない言葉で研修を続けられたので、出て行こうとしましたが、……」。この説明に対して同意する人も多くいるはずである。このような場合はまだよいのである。

しかし、もし説明したことが相手に理解されないときはどうするのだろうか。伝える術をもっていなかったらどうなるだろうか。怒りながらその場をあとにするしかないだろう。そして、勝手に出て行くという問題行動を起こしたために、評価を下げることになるのである。

●時間の見通しがわからなくて困っている

時間についてもそれが理解できなくて困っている人がいる。終わりを伝えられてもそれがわからないのである。「あとちょっと」「もう少し」と言われても、それがどのくらいかわからなくて困っている人がいるということである。

終わりがわからないとどうなるだろうか。「いつまでするのか」ということを繰り返してたずねるだろう。「もう少しってどのくらい？」、「あとちょっとってどれだけ？」と繰り返して聞くだろう。しかし何度も繰り返してたずねると、それも問題行動と判断されてしまうだろう。「もう少し」であるとか、「あとちょっと」というのは、話し手と聞き手でその感覚が違う場合がある。「あと少しって、何度も言っているでしょ」と言ったところで、それは解決しないのである。

このような場合には、タイムエイドなどの利用が効果的なことがある。写真１はタイムエイドの一例である。このタイムエイドは、残り時間を扇形の面積で表示してくれるものである。扇形の面積がなくなったら終わりということになる。写真2は発光ダイオードで表示するタイプのものである。一定時間ごとに発光ダイオードが消えていき、なくなったら終わりになるのである。このようなタイムエイドは何種類か市販されている。これらを活用することで時間についての問題を解決することができる場合もある。

この本でも、携帯電話を使ったタイムエイドについてプログラムを紹介しているので、付属のCD-ROMを参考にしていただきたい。

▲写真1
時間を面積で示すタイムエイド

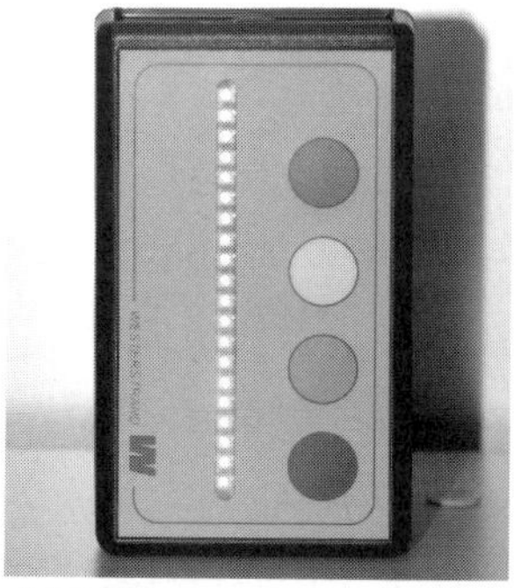

▲写真2
発光ダイオードを使ったタイムタイマー

●伝えられたことを記憶しておけなくて困っている

伝えられたことは理解できているのであるが、それを記憶にとどめておくことが苦手で困っている人もいる。伝えられたことを忘れてしまうからである。

実は私も忘れ物が多くて困ることがある。朝作った弁当を忘れてしまう。携帯電話が不携帯になるなど、持ち物をよく忘れる。そのたびに困ったことになるのであるが、一向に改善されない。そこで、玄関にリマインダーと呼ばれるメモを置くことにした。そこには、「弁当、携帯電話、鍵」と書いてある。確かに忘れることは少し減った。しかし、この間、玄関に鞄を忘れてしまった。弁当も携帯電話も鍵も忘れなかったのに、鞄を忘れてしまったのである。リマインダーに鞄という項目もいれなくてはならないということだろう。困ったものである。

記憶には、長期記憶と短期記憶の二種類があることは多くの人が知っているのではないかと思う。小学校の時の思い出や家族で行った旅行の思い出などをおぼえているのが長期記憶と呼ばれるもので、短期記憶は昨日の給食はなんだったのかを思い出すときに使われる記憶のことである。短期記憶は数週間もすれば忘れてしまう。

近年、これら二種類の記憶とは別にワーキングメモリーという記憶があることがわかってきている。ワーキングメモリーとは誰かに物を取ってくることを依頼されたときに、その物を取ってくる間だけおぼえておくといった、そのときのみに使われるような記憶のこと、作業を終えると忘れてしまう記憶のことである。

発達障がいや高次脳機能障がいのある人の中には、このワーキングメモリーがうまく機能しない人たちがいると考えられている。それゆえ、仕事を依頼されたときに、伝えられたことを忘れてしまったりするのである。このような状況は、生活する上でいろいろな場面で困ることになるのではないかと考えられる。

音声で伝えられた場合、それを記憶に留めておかないと理解できないことが多い。音声で伝えられたものを実行しようとすると、それを言葉として頭の中に記憶しておかなければならないからである。

例えば「ケンちゃん、マモルちゃんと一緒にアイスクリームを一箱買ってきてちょうだい」と頼まれたとしよう。ケンちゃんは、それらを頭の中に記憶して、「誰と行くのだろうか？」→「マモルちゃんと」、「何をしに行くのだろうか？」→「アイスクリームを買いに」、「どれだけ買うのだろうか？」→「一箱」というように理解していかなくてはならない。音声で伝えられたことを、順番におぼえておかなければならないのである。しかし、ワーキングメモリーがうまく機能しなかったりすると、誰と何をしに行くのかということを忘れてしまったりすることになる。「アイスクリームを一箱」だけはおぼえているのにである。このようなことになると、生活する上では支障をきたすことになる。何をすべきだったのかを忘れてしまい、その結果困ってしまうのである。

●紙コップを拾う青年

また、ルールなどを忘れてしまった場合には、周囲の人を困らせることになる場合がある。大学で紙コップを拾う発達障がいをもつ青年がいた。紙コップを拾って大学生協に持っていくと、1個10円で引き取ってもらえるのである。

その青年は、落ちている紙コップを拾っては大学生協でお金に換えていた。ある時その青年は、ごみ箱の中にたくさんの紙コップが捨てられていることに気がついた。そこで彼はごみ箱から紙コップを取り出してはお金に換えるようになった。効率よく換金できるようになったのである。しかし、ごみ箱に一度捨てられたものは、他のゴミと一緒になっているため汚れていることが多く、その紙コップはリサイクルには適さない。また、ごみ箱をひっくり返すようにして探すことから、大学から苦情がくるようになってしまった。

そこで、彼に「ごみ箱から紙コップは集めません。集める紙コップは、大学内の広場や休憩スペースの椅子や机の上のものだけです」というように伝えた。しかし数日後、再度苦情がきた。今度は一度回収した紙コップをまとめて捨てているごみ箱から紙コップを集めているというのである。研究室にやってきたときに彼に聞いた。彼は「ごみ箱から紙コップを集めることはしない」ということは理解しているようであったが、ごみ箱から紙コップを拾った理由を聞くと、「ごみ箱の中に紙コップがいっぱいあるのを見た瞬間、袋を開けて拾ってしまう」というのである。約束していることを忘れてしまうということであった。本当に忘れてしまうというのである。

この場合、記憶がどのような仕組みになっているのかはわからないが、そのときに忘れてしまうために、同じことを繰り返してしまうのである。周囲の人は、都合よく忘れたふりをしているのではないかと考えるかもしれない。しかし、この青年の場合そうではないようである。なぜならば、その後紙に「ごみ箱から紙コップを集めません」と書いて彼の財布の中に入れてからは、彼が紙コップを拾うことはなくなったからである。ごみ箱から紙コップを拾ってしまうことで、周囲は困っていたのだが、実は忘れてしまうために困っていたのは彼だったのである。

後日談であるが、紙コップを拾わなくなった彼は、その分収入が減ることになってしまった。今、彼はその穴埋めをするために、私の研究室でアルバイトをしている。紙コップを拾うくらいの収入は得ることができるようになったので安心である。

●ボリュームは0で

クラスでの約束ごとを忘れてしまうために周囲の人を困らせる場合もある。

ある小学校のクラスで、テストのときに大きな声で独り言を言う子どもがいた。その独り言は算数のテストのときに特に声が大きくなるということであった。うまく解けたときには「ポケモンゲットだぜ」と言い、解けないときには「チャクラがたらない」と言うのだそうである。いずれの言葉もテレビのアニメの主人公が言うセリフらしい。

周囲の子どもたちは、その子がうるさいのでなかなかテストに集中することができない。先生も「ちょっと静かにしなさい」、「話はしません」と言うのであるが、しばらくの間静かになっても、すぐにまた始まってしまうのである。

どうしたらよいものかと先生から相談を受けたので、約束したことを紙に書くことを提案した。伝えられたことを忘れてしまうから、何度注意しても独り言を言ってしまうと考えられるので、約束したことを忘れないように、紙に書いて机の上に貼り、目で見てわかるようにしてみたら、という発想である。視覚的な情報は消えてなくなってしまうことがないからである。

ところで、約束ごとなどを紙に書いて貼る場合、約束したからなんでも書いて伝えればよいということではない。特に注意しておかなければならないことがある。それは、書いて知らせる内容についてである。

困った行動を修正しようとして、約束ごとを書いて伝えようとするとき、「○○はいけません」とか「○○しません」というように書いてしまうことが多いのではないかと思う。しかし、禁止ばかりが書かれた机を前にして誰が椅子に座りたいと思うだろうか。誰も座りたいとは思わないに違いない。禁止用語が書かれているものが目に入るため、椅子に座るたびにうんざりするし、周囲の子どもたちも、それを見てからかったり、注意したりすることになるのではないだろうか。

つまり、困った行動を修正しようとするときには、「○○はしてはいけません」というような否定的な書き方をするのではなく、適切な行動を考え、そのときに振る舞ってもらいたい行動について、こうした方がいいよと肯定的な視点で書くことが大切なのである。

ここで、先生に書いてもらったのは「独り言を言うときはボリュームは0でね」であった。独り言は誰でも言っているからである。頭の中で言っている分には問題ないのだが、それを口に出して言ってしまうと問題になるということなのである。試験のときなどは特にそうである。頭の中で「これがこうだからこうなって、そしてこうなって」というように言っているのだが、それを口に出して言わないから迷惑になっていないだけなのである。

だから、独り言を言わないように伝えるときには、独り言は言ってもいいけれど、声が出ると迷惑になるから「独り言はボリュームは0でね」と伝えるようにすることが大切だということなのである。

その子どもは、その後、テストのときにも独り言を聞こえるように言うことはなくなり、この方法はうまくいったということであった。

●誰でも書いている

この場合、机の上に適切な行動を書いて貼ってみた、ということであったが、私たちはおぼえられないようなときにはどのようにしているだろうか。ちょっと考えてみてほしい。買い物の内容は買い物メモを作り、研修会の内容はメモにとるというように、おぼえることができないものについては、文字を書くという手段を使って紙に記憶させているのではないだろうか。

同じような方法がおぼえられない人には有効なのである。何回繰り返して言っても一向に改善されないような行動の場合、それは、言われている内容は理解しているけれど、記憶しておくことができないことが原因で繰り返してしまうということが考えられる。このような場合、おぼえておいてほしいことを視覚的な情報として書いて伝えることは一つの有効な方法なのである。聞いたことは消えてしまうが、視覚的な情報は、消えてなくならないからである。

●忘れられなくて困っている

発達障がいのある人の中には、先の例とは逆で、忘れられなくて困っている人もいる。特に困るのは、今まで経験したいやなことが忘れられないときである。過去に経験した出来事で、いやなことをおぼえていて、それを思い出すたびに家でパニックになる人もいる。いわゆるフラッシュバックといわれるものである。

先日、ある高校生が研究室に訪ねてきた。数ケ月前に学校でおこった同級生とのトラブルが気になってしまって、学校に行けなくなっているという。学校からの情報では、相手の高校生は、何も気にしていない様子だということであった。

その高校生にとっては、トラブルが忘れられないのである。それを忘れられなくて困っているということなのである。どうしたら気にならなくなるだろうか。その方法を教えてもらいたいということであった。

以前、東京大学先端科学技術研究センターの中邑先生から、発達障がいのある青年と一緒にいやなことを忘れるために、忘れてしまいたいことをトイレットペーパーにフェルトペンで書いて、それをトイレに流したところ、うまくいったというエピソードを聞いたことがあった。

そこで私も、同様にその高校生に、「トイレットペーパーに忘れてしまいたいことを書いてトイレに流すという方法で忘れるようにしている人がいるよ」と伝えた。彼は、「本当にこれで忘れることができるのかなぁ」と半信半疑であったようだ。そこで、本棚から国語辞典を引っ張りだしてきて、「こういうのを水に流すというんだよ。この国語辞典で意味を調べてみたら」と伝えた。彼は早速意味を調べた。国語辞典には、「水に流す＝今までのことをすべてなかったこととして以後こだわらないようにする」と書いてあった。これを見た彼は、「これが忘れるっていうことなのですね」と言ってその日は帰っていった。

数日後、連絡があった。「忘れる方法を教えてもらったので楽になりました。

忘れてもいいことだけを書くようにします」というものであった。忘れるための儀式のようなものかもしれないが、これで忘れることができる人もいるのである。

同様にいやなことを書いてシュレッダーで粉々にすることで忘れることができる子どももいるようである。その子は「忘れてスカッとした」と言っていた。忘れるための儀式をすることで、終わりにすることができるということではないだろうか。

みなさんの中にも、忘れるために儀式をした人がいるかもしれない。結婚前に以前付き合っていたことのある彼氏や彼女の写真を捨ててしまったように。

私は、忘れたいことを燃やすという方法は提案していない。というのは、忘れるために目の前からなくすということを考えたとき、なんでも燃やすようになってしまっては困るからである。火事になっては困ることになってしまう。

●適切な表現方法で伝えられなくて困っている

知的障がいや自閉症のある子どもたちの中には、言葉を十分に理解できなかったり、言葉でうまく伝えることができなかったりする子どもがいる。言葉をまだ話すことができなかったり、音声表出することはできても、それらをコミュニケーションの手段として使うことができないためである。

自分の思っていることをうまく伝えることができなかったらどうなるだろうか。

ちょっと自分のこととして考えてみよう。話ができない状況で、そこにある物が欲しいということを伝えるためにどうするだろうか。隣の席にいる人が消しゴムを持っている。その消しゴムは机の上に置いてある。文字を間違えて書いてしまいどうしても修正しなければならない。消しゴムを貸してもらいたいということを伝えるために、どのようにするだろうか。

話ができれば「消しゴムを貸してください」と音声表出で伝えるだろう。また、他のコミュニケーション手段をもっている場合も、それを使ってうまく伝えることができるだろう。しかし、あなたは同じモードで伝える手段をもっていないのである。どうしても消しゴムが必要な場合は直接手を伸ばすのではないだろうか。その結果は目に見えている。「人の物を勝手に使うのは、いけないことです」と言われて、頭を下げさせられることになるのである。おまけに消しゴムも貸してもらえないかもしれない。

このように適切な表現方法で伝えることができない原因として、周囲の人に理解できるコミュニケーションモードを獲得していないことが考えられる。同じモードによるコミュニケーションの手段の未獲得が原因で起こる、周囲の人に受け入れられないような行動は、大きく三つの機能を果たしていると考えられる。それは、「要求」、「注目」、「拒否」の機能である。これらを相手にわかるように表現し、伝えることができないために問題となる行動は起こってしまうのである。周囲に受け入れられないような行動は、一般的に問題行動と呼ばれており、社会参加を阻害する大きな要因になるので、生活の質を高めるためには、修正する優先順位の高いものと考えられる。

「要求」の機能を果たしているのは、何かを手に入れたいという理由で起こす行動である。先に紹介した消しゴムの例はまさしく要求による問題行動と考えられる。

「注目」の機能を果たしているのは、「お母さん」、「先生」などと呼びかけるように、相手の注目を得るための行動である。先生と目が合ったときに、高いところに登ったり、走っていったりする。机から物を落としてみたりする。このような行動が注目の機能を果たしている問題行動になる。周囲の人を困らせようとしてわざとそのような行動をしているのではなく、そのような行動をすると、目的の相手から注目を得ることができるために起こしてしまうのである。

「拒否」は窮状から逃れるために使われたり、やりたくないことを表現したりする際に使われる行動である。「いやだ」とか「やめて」ということを表現するようなことである。これらの表現ができないために、隣にいる人をたたいてみたり、大きな声で叫んでみたりすることがある。その結果、その場から逃れることができる場合がある。今している作業が中断されたりするからである。これらの行動は問題行動とされ、「人をたたいてはいけません」、「大きな声は出しません」というように注意をされることになってしまう。

●周囲の状況から判断できなくて困っている

私たちは生活する中で、毎日のように判断することを求められている。その判断が、一人で決めることのできるもので、その結果も自分自身だけに返ってくるというものであれば、なんの問題も起こらない。しかし、一人でくだした判断が、周囲に影響を及ぼすこともある。

前者の例で言えば、スープを飲むときに大丈夫だと判断して飲んだのであるが、思った以上に熱かったので舌を火傷したといったような場合である。この場合は相当ひどくなければ周囲の人に影響を与えることなく、治るまでの間、舌がヒリヒリすることに耐えればよいだけの話である。

だが、後者の場合はそうはいかない。ある自閉症の青年の話である。彼は小学生のころ、高いところに登れば遠くまで見渡すことができるということに気がついた。そこで彼は遠くを眺めるために、家の前の電柱に登ることを思いつき、それを実行したのである。ちゃんとした理由はあったのだが、判断としては間違っていた。しばらくすると電柱の下には多くの人が集まり、パトカーもやってきて「はやまるなー」と説得が始まったらしい。

彼はなぜこんなに人が集まっているのかわからなかった。電柱を降りてからはいろいろな人から叱られたということであった。しかし、彼はなぜ叱られているのか、その理由がよくわからなかったようである。遠くを見るために電柱に登ったのに、なぜそれがいけないことだったのかがわからなかったのである。この事件のあと、彼は小学生が手の届く範囲内から電柱の足場がなくなったという話を時々する。嘘ではないようである。

このように自分の判断が周囲に影響を与えてしまう場合は、周囲の人が受け入れることができる範囲内に結果が納まらなければならないのである。

問題行動にも理由がある

●困った状況を解決するために

知的障がいのある人や発達障がいのある人が困るのではないかと思われることを述べた。

困った状況に遭遇したとき、誰でもその困難な状況から逃れるために、様々な行動をとる。同じように知的障がいのある人や発達障がいのある人も、苦手なことが原因で、その結果困難な出来事に遭遇したとき、それを解決するために行動をとるということである。それが周囲の人に受け入れられないような行動になってしまうことがある。しかしそれは本人なりにその状況を解決するためにとった行動であり、理由がある。そして、理由がわかれば、その困った状況を解決するためのアイデアの提案もすることができるのである。

「わかる」ように伝える

●「わかる」を理解して伝え方を工夫する

知的障がいのある人や自閉症のある人にわかるように伝えるためには、どのようにすればよいのだろうか。伝えられたことがわからない状態が続いているとすれば、それは悲しいことではないだろうか。そこで、ここでは「わかる」ということはどういうことなのかを少し整理し、わかるように伝えるための工夫について考えてみたい。

●「わかる」ということは

伝えられたことが「わかる」ためには、伝えた人と同じことを自分の心の中に思い浮かべられなければならない。

例えば「りんご」という言葉を伝えられたとしよう。伝えられた方は瞬時に「り」、「ん」、「ご」という音の並びから頭の中に「りんご」を思い浮かべるのではないかと思う。その「りんご」は「赤いりんご」かもしれない。いや、人によっては「青いりんご」かもしれない。

いずれにしても、伝えた人が思い浮かべているものと、伝えられた人が思い浮かべたものとが一致したときに、初めてそれが「わかる」ということになる。お互いが思い浮かべたものが違った場合は、相手の言っていることがわからなかったということになる。同じものを思い浮かべることができて初めて正しく伝わったということになるのである。

この場合、頭の中の「りんご」はどのようにして頭の中に浮かべることができるようになったのだろうか。

●ちゃんと伝わっているのか

「りんご」を例にして、わかるということがどのようなことなのかを考えてみたい。伝えた人の頭の中にあるものと、伝えられた人の頭にあるものが一致したとき、それは伝わったということになると述べた。

ところで、ちょっと考えてみよう。例に出した「りんご」と言う言葉を聞いて頭にそれをイメージしたとき、「赤いりんご」をイメージした人もいるだろう。「青いりんご」をイメージした人もいるだろう。ということは、伝えた人が「赤いりんご」をイメージしていたとしても、伝えられた人が「青いりんご」をイメージしていたとしたら、厳密に言えば、伝えた人と伝えられた人の間には違いが生じているということであり、同じようには理解されていないということになる。

しかし、この程度の違いであれば、困ることはない。大きく違っているわけではないので、お互いの理解していることで話が進んでしまう。もし、必要であればコミュニケーションしながら修正することが可能であり、伝えられたものが「赤いりんご」であったということを理解することもできるはずである。しかし、知的障がいのある人や自閉症のある人で、コミュニケーションが苦手な人の場合は、深刻な問題になることもある。

例えば給食の場面を考えてみよう。給食のデザートに「りんご」が出たときである。担任のタケオ先生は自閉症で知的障がいをもっているケンちゃんに「りんごを食べなさい」と言っている。しかし、ケンちゃんはそれを食べようとしない。タケオ先生は「りんごだから食べなさい。りんごは好きってお母さんが言っていたよ」と繰り返しているのであるが、ケンちゃんは今にも泣きだしそうである。次にタケオ先生が「早く、りんごを食べなさい」と言ったとき、ケンちゃんは自分の手首をかんでパニックになってしまった。タケオ先生は「やめなさい」、「給食はちゃんと食べないといけないんですよ」と言っているが、パニックになってしまったケンちゃんはますます大きな声で泣くばかりである。

実は、ケンちゃん、国語の時間には「りんごはどれ」と言われれば、たくさんの絵カードの中から「赤いりんご」の絵カードをとることができる。つ

まり、「りんご」という言葉はわかっていて、「赤いりんご」というように理解しているのである。また、家では「りんご」を皮のついたままで、丸ごと食べることもあるという。では、なぜ、給食のりんごは食べることができなかったのだろうか。

このようには考えられないだろうか。ケンちゃんは、りんごを食べるのがいやで食べないのではなく、「りんご」と伝えられても、そこにあるのはケンちゃんが理解している「りんご」ではないから食べることができないというようにである。つまり、給食に出てきた「りんご」はすでに食べやすいように切ってあり、皮までむかれているから、国語の時間に教えられている「りんご」とは色も形も変わってしまっている。そのために、給食に出てきたものを「りんご」とは理解していないということである。

コミュニケーションする力があれば、「先生は、りんごだって言うけど、赤くないし、形も違うのですが」とたずねることができる。しかし、そのように問い返すことができない場合は、「食べろ、食べろ」と言われても食べることができないために、泣いて抵抗するしかなかったということなのである。

●生活上の経験が記憶されることによって

このようなすれ違いは、いろいろな場面であるかもしれない。この場合であれば、赤いりんごの皮をむくところからしっかり見せて、赤いのも「りんご」、皮をむいたあとのも「りんご」と理解できるような学習の場を設定する必要があるだろう。

私たちは生活の中で五感を働かせながら、それらに入ってくる様々な刺激を処理し生活している。入力された刺激がなんであるのかを理解するためには、それらバラバラに入ってきた刺激を統合しなければならない。そして、統合された刺激を今までの経験により蓄積された型と照合するという作業をしている。統合された刺激が、すでに頭の中に存在する型と一致したとき、理解できたとか、わかったということになるのである。

照合作業をするときに使われる型は、生まれてからの経験によって蓄えられたものである。つまり、記憶によるものなのである。経験したことが記憶されて、それが型として頭の中に蓄えられ、照合作業のときに使われるということである。

もし、伝えられたことが頭の中にある記憶の型と一致しなかったらどうなるのだろうか。今まで経験したことがない物が入ってきたのである。脳は今まで蓄えてきた型を総動員してこの問題に対処しなければならない。よく似た型を引っ張り出してきて、照合作業を行うはずである。誰でも、次に示すようなことと同じような経験をしたことがあるのではないかと思う。

●新しい型を作る

ある時、耳の垂れている「うさぎ」を見せられたことがある。私がこれまでの経験から蓄積した記憶の型の「うさぎ」は耳が立っているものだけであった。つまり、耳の垂れた「うさぎ」を見せられたときに、記憶の型として今までの「うさぎ」とは一致しなかったのである。

そこで、よく似た記憶の型として私の頭は「犬」を引っ張りだしてきて、「犬」と判断した。私はその人に「変わった犬ですね」と言った。すると、その人は、「これは、犬ではなくうさぎですよ」と言ったのである。私はびっくりして「えー、これが」ということになった。今まで理解していた「うさぎ」というものの記憶の型では対応することができなかったのである。

しかし、「うさぎ」と理解できなかったから、これで終わりかというとそのようなことはない。これだけで終わらないところが大切なのである。どういうことかというと、私はそれ以後、同じ動物を見たときには「これはうさぎ」というように理解することができるようになっていたからある。

これはどのようなことを示しているのだろうか。私は最初、それがなんであるのか理解できなかったので、自分が頭の中にもっている、それと似ている記憶の型と照合させて理解しようとして、その結果、「犬」と考えた。しかし、それが「犬」ではないと言われたので、今までに作り上げた記憶の型とは一致しないということがわかった。そこで新しく見せられた「うさぎ」に対応した新しい記憶の型を作ったということなのである。そして、それ以後、同じ動物を見たときには、新しい型と照合することができるようになっているので、「それはうさぎ」ということが即時に理解できるようになっているということなのである。

つまり、理解できない場合には、それを理解できるようにするために、新しい記憶の型を作る作業を行い、その都度作られた型を使って理解できるようになっていくのである。私たちは、記憶の型を絶えず作りながら生活し、新しく出会う出来事に対応しているのである。

先に例に出した給食の「りんご」の場合も同様である。今まで私たちは多くの場面で「りんご」を経験している。木にぶらさがっている「りんご」を見た経験があったり、スーパーの果物のコーナーに並んでいるものを見た経験があったりするに違いない。いろいろな場面で「りんご」を見たり、触ったり、食べたりして「りんご」を経験しているのである。これらの経験が蓄積されて記憶されることで、「りんご」のイメージを頭の中に作っている。これが「りんご」の記憶の型なのである。

●音声言語の場合も

人間が使っているシンボルの中で最も高度のものは音声言語である。日本語の場合は約100種類の音声を聞き分けることができれば、音声で伝えられたものを理解することができる。その一つ一つの音は音韻と呼ばれている。音韻は単なる音であり、それ自体に意味があるのではない。つまり、ある音韻とある音韻が組み合わされたときに、それに意味があることを理解できなければ、その音韻の組み合わせに意味があることにはならない。

もう一度、「りんご」について考えてみよう。「り」、と「ん」、と「ご」という音韻が並んだときに、頭の中に「りんご」が思い浮かべられなければ、その音韻の組み合わせが意味を成すことはない。このことは、音声模倣ができただけでは不十分だということを示している。音声模倣ができたら、それを理解していると勘違いしてしまいがちである。相手がわかっていると思ってしまう。しかし「りんご」という音韻の組み合わせを聞き、「りんご」と音声模倣をすることができたとしても、それは「りんご」を理解しているとは限らないのである。

コミュニケーションとキャッチボール

●伝える工夫を

このように、私たちは生活上の経験から頭の中にある記憶の型を作り、生活上の様々なことを理解して生活をしている。

知的障がいや発達障がいのある人の場合は、この記憶の型を作っていくという作業を実際の生活の中で丁寧に行っていかなくてはならない。定型発達をしている子どものように理解することができないことも多いと考えられるからである。

そして記憶の型を作っていく作業には、コミュニケーションする力が必要である。伝えられたことを理解したり、わからなかったらたずねたりするためにはコミュニケーションの力が必要だからである。しかし発達障がいのある人の中には、その力が弱い人たちが多く含まれている。

コミュニケーションはキャッチボールにたとえられることがある。それは、相手と自分とのやりとりだからである。そこで、キャッチボールを例に挙げて考えてみよう。

キャッチボールを子どもに教える場面を思い浮かべてもらいたい。誰も初めから大人のようにキャッチボールができるわけではない。ボールを受け取るのも下手であるし、ボールも投げるのも下手なのである。そのようなときは、私たちは投げるボールもやさしくするだろうし、受け取る場合にも大げさに受け取って、投げたことが実感できるようにしているはずである。これを繰り返すことによって、ボールを投げたり、受けたりすることができるようになっていき、少しずつキャッチボールがうまくなっていくのである。

コミュニケーションの練習の場合も同じである。普通の言葉を投げかけたとしても、それを受け取ることができないことも多いということを知っておかなくてはならない。伝えるためには、その子どもが記憶の型を作りやすいように伝える工夫をする必要があるということである。

●キャッチできないのにボールを投げられても

伝えられても、それが何を意味するのかわからなかったらどうするのだろうか。ボールが投げられているのはわかるが、そのボールをキャッチすることができないのである。このような状況なのにボールを投げ続けられたらどうするだろうか。最初からボールをキャッチしようとしなくなってしまうだろう。そして、その場から逃れるようになってしまうのではないかと思う。それでも、後ろからもボールは投げられ続けるのである。想像しただけでもいやである。何を伝えられているのかわからないというのは、これと同じような状況である。

伝える言葉をもっているのであれば、「わからないから教えてもらいたい」というようなことを言うに違いない。それでもわからなかったら、「やってられない」と言って、その場をはずすこともあるだろう。しかし、このような行動は障がいのある人には許されているのだろうか。

学校で障がいのある子どもが「言われていることがわからない」と言って席を立った場合、「ちゃんと席に着きなさい」と注意されるだろう。障がいのある子どもの場合は、理由があっても許されないことが多いのかもしれない。その理由を説明することができないからである。そこにある差は一体何なのだろうか。

本当は、みんな同じように対応しなければならないのではないかと思う。席を立つには理由があるからである。だから、その行動の中にどのような理由があるのかを私たちが考えることが重要なのである。その場では「席に着きましょう」と言っても、あとでその理由を考えなければならないのではないかと思う。

●適切なコミュニケーション手段が身につけば

適切なコミュニケーション手段を身につけ、それを使ってコミュニケーションできるようになると、子どもたちの姿が変わることは誰もが経験するものである。それは今までよりも自分の思いが伝わりやすくなり、コミュニケーションすることによって課題を解決したり、要求したものを手に入れたりすることができるようになるからである。その結果、コミュニケーションできることの楽しさや、その便利さに気がつくようになるために、今まで行っていた不適切なコミュニケーションの方法は使わなくなっていくからである。

●音声表出にこだわらずに

「わからない」と言っている子どもがいるのであれば、わかるように伝えるための工夫をすることは大切なことである。「わからない」と表現している人に、何の配慮もないまま伝えてもわからないままである。「わかれ、わかれ」と言っても何の解決にもならない。そして、「わからないから仕方ない」、「わからないあなたが悪い」と考えるのではなく、「わかるように伝えるためにどんな方法があるのか」ということを考えて、それを実行することが大切なのである。

わかるように伝えるためにはどのようなことを考えればよいのだろうか。このときに注意することは、音声表出だけにこだわるのではなく、聴覚以外の別のモダリティー（手法）を使って伝えることができるように考えることである。すなわち、音声表出以外の方法でもわかるように伝える工夫をするのである。

●発達障がいのある人たちが語っていることから

ところで、わかるように伝えるということはどのようなことなのだろうか？発達障がいのある人たちは、どのような方法で理解しようとしているのだろうか。そのヒントが、発達障がいのある人たちが書いた本の中にある。その特徴がよくわかるところをいくつか紹介しよう。

「言われたことをおかしなふうに誤解してしまったり、全く意味がわからないままでいたりする」
（ドナ・ウイリアムズ―『自閉症だったわたしへ』）

「絵で考えるのが、私のやり方である。言葉は私にとって第二言語のようなもので、私は話し言葉や文字を、音声付きカラー映画に翻訳して、ビデオを見るように、その内容を頭の中で追っていく」
（テンプル・グランディン―『自閉症の才能開発』）

「私の場合、言葉で説明を聞いても、頭の中で絵にならなければ、どこかへ飛んで行ってしまう」
（グニラ・ガーランド―『ずっと「普通」になりたかった。』）

「私にとっては、書かれた言葉の方が、話される言葉よりもずっとわかりやすい」
（ウェンディ・ローソン―『私の障害、私の個性。』）

「ぼくがふつうじゃないところは、人が話しかけてくると、しゃべっている言葉が文章になって見えるところ」
（ケネス・ホール―『ぼくのアスペルガー症候群』）

このように、発達障がいのある人たちが書いた本からわかることは、聴覚から入ってくる情報を処理することが苦手な人が多いことと、視覚的な情報に置き換えて理解するようにしている人が多いということである。つまり、発達障がいのある人たちにわかるように伝えるためには、視覚的な情報を使うことが有効であるということである。

先に述べたが、私たちは理解するために記憶によって作り上げられた型をもっている。この型が発達障がいのある人たちの場合には、視覚的な記憶情報として蓄えられているということなのかもしれない。

●わかるように伝えるための構造化

わかるように伝えるための一つの方法として構造化がある。構造化することによってわかるように伝えるのである。様々な専門書が出版され、構造化という言葉が使われているが、難しく考えることはない。わかるように伝えるための方法であると読み替えればよいのである。

構造化とは、物事の意味をわかるように伝えることである。代表的なものに「物理的な構造化」、「スケジュールの構造化」、「ワークシステム」、「ルーティーン」などがある。いずれもわかりやすく伝えるための方法である。

●物理的な構造化

物理的な構造化とは、活動と場所を対応させるということである。一つの場所を多目的に使ってしまった場合、その場所で何をするのかがわかりにくくなってしまうからである。言葉を理解することができ、伝えられたことを理解することができる場合は、一つの場所を多目的に使ってもよい。しかし、言葉で説明されても、その内容を理解することができにくい場合、その場所に行っても、何をしてよいのかがわからなくなり混乱してしまう人もいる。そのような混乱を最小限にするために「物理的な構造化」を行うのである。

先日、ある学校で質問を受けた。「物理的な構造化」の必要性については理解できるのだが、それだけのスペースが確保できないというものであった。そのような場合は、どうしても同じスペースを別の活動と共有しなければならなくなるのだが、どうすればよいのかということである。教室を造形活動の場合にも、個別指導の場合にも、給食にも使わなくてはならないといったような場合である。

このような場合は、机の配置を変えたり、机の上のテーブルクロスを変えたりすることで対応することができないだろうか。テーブルクロスが変わっていたり、机の配置が変わっていたりすることで理解できる子どももいるはずである。限られた条件の中で、どのようにしてわかるように伝えるのかということが問われるのである。

●スケジュールの構造化

▲写真3
携帯電話でスケジュール確認

「スケジュールの構造化」は、今の活動が終わったら「何があるのか」をわかりやすく伝えるものである。次に何をするのかがわからない状況は誰でも不安である。「次はなんですか」とたずねることができれば解決できることもあるだろうが、たずねることができない人の場合は不安と戦わなければならない。そのような状況におかれることは苦痛だろうし、エネルギーも使う。「スケジュールの構造化」は次にすべきことをわかりやすく伝えることで、安心して生活できるようにするためのものである。

写真3は、スケジュールを携帯電話で確認しているところである。携帯電話もスケジュールの管理に使うことができる。写真の子どもは特別支援学校に在学中からスケジュールの管理に携帯電話などを利用する練習をしていた。今では、仕事の予定などの管理に携帯電話を使っている。スケジュールを構造化して理解するために、携帯電話も有効に使うことができる。

●ワークシステム

ワークシステムとは、今からする活動が、「なんで」、「どのようにするのか」、「どれだけするのか」、「終わったら何があるのか」を伝えるために行うものである。どのような手順で作業すればよいのか、どれだけすればよいのかなどがわからないと誰でも不安になる。これらをわかるように伝えるために行うのがワークシステムである。

写真4はある小学生が使っていたワークシステムである。左側の三段ボックスに今からすべき課題が入っている。三段ボックスの上から順番にかごをとり、その中にある課題をする。かごの中に入れている課題の内容も、終わりも視覚的にわかりやすくなっている。最初の課題が終わると、横にある大きなかごの中にしまうようにする。そして、次の課題をする。上から順番にとっていった課題は、なくなっていく。すべてがなくなったら終わりである。

なぜ、なくなったら終わりというようにしているのかというと、それは、時間に対する理解がまだできていないからである。時間の概念が育っている子どもの場合には、「あと何分しますよ」ということを伝えることによって理解し、それを実行することができるだろう。しかし、時間を量として理解できない子どもの場合には、このように実際にする課題の量を調整して取り組むようにすることが大切なのである。中には時刻は読めても時間の理解ができていない子どももいるので、時刻を読めるからといって安心は禁物である。

時間を量としてとらえることができない人に対して、タイムエイドの利用も考えることができる。タイムエイドについては、「時間がわからなくて困っている」の項目を参照してもらいたい。いずれにしても、「何をするのか」、「どれだけするのか」がわかると、安心して課題に取り組むことができる子どもも増えるに違いない。

▲写真4　ワークシステムの例

●ルーティーン

最後に「ルーティーン」である。これは、いつも同じ手順で行うように工夫することである。課題をするときにも左から右であったり、上から下であったり、なくなったら終わりといったように、いつも同じように決めて行うようにするのである。このようにすれば、説明をうまく理解することができない場合でも、いつも同じ手順で取り組んでいるものを見たら何をするのかがわかるだろうし、スケジュールを確認するということがルーティーンになっていたら、たとえスケジュールが変わったとしても、それを入れ換えておくだけで理解することができるということである。

「決まりごとができてしまうと、こだわりになってしまう恐れがあるので、毎回やり方を変えて理解できるように指導しています」という話を聞いたことがある。ルーティーンになったら、その後大変だということだろう。本当にそうだろうか。誰でも決まった手順でおぼえているものがある。それが毎回変わってしまったらどうだろうか。誰でも混乱するのではないだろうか。自分だったら毎回やり方を変えられてどう思うかを考えてもらいたい。

スケジュールの変更についても同様である。ある先生が、「最近、Ａくんは成長したのです。私が突然、スケジュールを変えてもパニックを起こさなくなりました。だからいつでも安心して変更することができます。いい子になったのです」と言うのを聞いたことがある。これを聞いてみなさんはどう思うだろうか。「素直な子どもになったのだね」と思うだろうか。スケジュールの変更に素直に従えることは果たしていいことだろうか。

もしそうであったとしたら、私たちはみんなよくない人ということになる。なぜならば、もし突然スケジュールが変更されたとしたら、受け入れられないことの方が多いからである。あなたも、突然スケジュールを変更されたら、それを簡単には受け入れられないのではないだろうか。あらかじめ変更を伝えられたら納得して受け入れることができるだろうが、突然の変更には納得できないことも多いだろう。会議に出かけていったが、「突然ですが、今日の会議は中止になり、明日になりました」などと言われたらどうだろうか。「そんなことは聞いていない。どうして、前もって知らせてくれないんだ」と憤慨する人がほとんどだろう。つまり、スケジュールの変更も納得した上で受け入れることができるようにすることが大切なのである。

コミュニケーションの力で、いろいろなことを解決することができない発達障がいのある子どもたちは、より混乱するのではないかということが容易に想像できるだろう。

●構造化することで

構造化することによる効果をまとめておきたいと思う。構造化するということは、わかりやすく伝えるということであった。つまり、構造化すると、環境のもつ意味が理解しやすくなるということである。その結果、期待されていることがなんであるのかわかるので、見通しがもてるようになる。見通しがもてるようになると、不安や混乱が予防される。それゆえ、安心して落ちついて行動できるようになるのである。当然地域生活における自立度も高くなるに違いない。

●構造化する際に

構造化するときに気をつけなければならないことがある。それは、こちらの思う通りに動いてもらうためにするのではないということである。

以前、特別支援学校に勤めていたとき、構造化の具体的な方法を考えて子どもに提案したことがある。左から右にこのように並べれば、よりわかりやすくなるし、作業効率も上がると思って、ワークシステムを考えたのである。しかし、その子どもは、自分のやり方があるらしく、私が並べた材料の並べ方を変えてしまうのである。私はそれでは効率が上がらないと考えていたので、私の考えたように並べ直す。そうするとその子どもが並べ替える。この繰り返しで、最後にはその子どもがパニックになってしまった。

本末転倒である。作業をわかりやすく伝えるために構造化しているのに、こちらが考える構造化の方法を強要してしまったために、子どもは作業ができなくなってしまったのである。なぜ、このようになったのだろうか。これは、ちょっと考えればわかることである。

もしあなたの隣に座っている人が、「あなたの仕事は遅いから私がすべて段取りをするからその通りにお願いします」と言って、仕事の段取りを始めたらどうだろうか。あなたは、その通りにすることができるだろうか。それも、自分のやり方とは違う。自分のやり方を主張しても、すぐに強要されるのである。きっとあなたは怒りだすだろう。それは、先の子どもと同じなのである。つまり、行動を強要するために構造化をするのではないということである。今からすることを相手にわかるように伝えること、それが構造化であるということを忘れてはならない。

●わかるように伝えるために

視覚的な情報を使う方法として、パソコンとプレゼンテーション用のソフトを用いて知的障がいのある人たちへの通訳も始まっている（写真5)。学校などで行われる儀式的行事での来賓の挨拶などを通訳するというものである。

この学校では、プレゼンテーション用のソフトとしてパワーポイントとPCS（ピクチャー・コミュニケーション・シンボル)、PCSアニメーションを使っている。来賓が話す内容をシンボルや動画に変換して目で「見る」ことができるようにしているのである。何を言われているのかわからないまま座らされているというのはどうだろうか。せめてそこに座っているための理由がいるのではないだろうか。

▲写真5　儀式的行事のプレゼンテーション

わかるように伝えるだけでは不十分

●すれ違いを解決するために

わかるように伝えることができればそれでよいのだろうか。その答えはNOである。特別支援学校で授業をしていたときのことである。一年生に入学してきた自閉症のあるＢくんが、何とか授業に取り組めるようになればいいと考えていた。

何人かの先生方が授業の見学に来たときのこと、Ｂくんには授業にしっかりと参加してもらわなくてはならないと考えていた私は、1時間目にちょっと運動もして、少し疲れてもらって授業をすればと考えた。授業内容は構造化もされているし、なんとか座って授業に参加してもらえると考えたのである。そこで、2時間目の授業に備えるべく、1時間目にトランポリンを跳んでもらうことにした。Ｂくんは私が思っていた通り、大粒の汗をかきながら、大きな声で笑い、大好きなトランポリンを跳んだ。

さて、いよいよ2時間目の授業開始である。教室の後ろには参観者がいる。ところが、Ｂくんは授業が始まると同時に、ニコニコ笑って手をたたき、飛び跳ねながら教室の後ろの戸から出ていこうとするのである。私は「しまった」と思った。なぜ、トランポリンをしてしまったのだろうと思ったのである。彼は、1時間目にしたトランポリンを思い出したかのように、飛び跳ねながら教室の後ろの戸から出ていこうとしているのである。

私はＢくんの手を取り、顔は笑いながら「Ｂくん、トランポリン楽しかったね」と言って席に戻そうとした。しかし、心の中は穏やかではない。「今日は誰のための授業だと思っているのですか。夜遅くまで教材も作り、お客さんも来ているのに」と、もちろん手は少し強く握り気味である。席に着いたＢくんは、しばらく座っていたが、また突然立ち上がり、飛び跳ねながら後ろの戸から出ていこうとする。「あかんて言うてるやん」と心の中でつぶやきながら、「わかったよ。じゃあ3時間目にトランポリンしようかな」と顔では笑って言う。心の中は「授業をちゃんとしなかったら、できませんよ」と思っている。さっきと同じように当然手は少し強く握り気味である。

そして席に戻ってきたとき、私の足の先がぬくくなっていた。なんと、Ｂくんがおしっこをしてしまったのである。授業はもちろん目茶苦茶である。Ｂくんのズボンとパンツを履き替えさせなければならないし、私自身も靴下を履き替えなければならない。おまけに机の下のおしっこも掃除しなければならなくなったのである。 他の子どもたちは、自習で終わってしまった。参観した人からのコメントは、「授業の前にはトイレに行かせましょう」であった。

なぜ、こんなことになってしまったのか、私はしばらくわからなかった。Ｂくんの大好きなトランポリンもして、授業は構造化されており、わかりやすくしているのにである。このような結果を受け入れられるわけがない。職員室で落ち込んで考えていたとき、「ちょっと待てよ」と思ったのである。「ひょっとしたら、Ｂくんは、トイレに行きたいことを訴えていたのではないか」と思ったのである。ニコニコ笑い飛び跳ねながらであるが……。

そのときのやりとりはこうである。

Bくん「先生、トイレに行ってきます（飛び跳ねながら）」
私　「トランポリン楽しかったね。（誰のための授業だと思ってるの……）」
Bくん「やっぱり、トイレ、トイレ行ってきます。がまんできません（飛び跳ねながら）」
私　「わかった、3時間目にトランポリンするからさ（ちゃんとしないとしませんよ）」
Bくん がおしっこ

つまり、Bくんは「おしっこ」と言っていたということなのである。しかし、私はトランポリンだと思っているのである。このような場合、大人が子どもが言いたいことを勝手に自分の都合のよいように解釈してしまうことが多いようである。話ができない子どもの場合、自分から相手にわかるように伝えることができないために、そのようになってしまうのである。先の例の場合、私はBくんが「おしっこをしたい」と訴えていることを理解できなかったのである。

このようなコミュニケーションのすれ違いは、いろいろな場面であるのではないかと考えられる。こうした状況を解決するためには、やはり、子どもの方からもわかるように伝えてくれるように、コミュニケーションの練習をしていくことが大切である。実際の場面でコミュニケーションの練習をするということである。

私が彼と日頃からトイレに行くときに、彼から「トイレに行きたい」ということを伝えてもらう練習をしていたならば、彼にも恥をかかせずにすんだだろうし、私も気持ちよく授業ができたと思うのである。この事件は、Bくんにとっても私にとっても楽しい経験ではなかった。だが、子どもに合わせることの限界と、子どもの方からのわかりやすい発信も必要だということに気付かされたという点においては、私にはとても貴重な体験であった。しかし、Bくんにはとてもいやな思いをさせてしまったと反省もしている。

●AACという考え方

Bくんの意思はどのようにすれば聞き出すことができたのだろうか。音声表出では意思を伝えてくることができないのである。音声表出に困難のある人の意思の表出を考えるとき、AACという考え方はとても大切である。

AACとはAugmentative & Alternative Communicationの略で、拡大・代替コミュニケーションのことである。音声表出にこだわらず、残された力で自分の意思を相手に伝えることである。東京大学の中邑先生はAACを「手段にこだわらず、その人に残された能力とテクノロジーの力で自分の意思を相手に伝えること」と述べており、自己決定や自己選択を引き出すために使うことができる技術なのである。

●わかるように伝えてもらうための練習も

先述のトランポリン事件のように、子どもの考えていることを理解せずに、勝手に解釈して、自分の思い通りにならないことに対して不満をもつことは、お互いにとってつらいことである。それゆえ、子どもからもわかるように伝えてもらうことは、とても大切なことになる。子どもがもっているコミュニケーションスキルが不十分である場合は、先の例のように、子どもは伝えているのにうまく通じないことがあり、それが原因で、子どものもっている本来の力が理解されないことが多いからである。

次章に述べるコミュニケーションの記録は、子どもが伝えたいことをどのように表現しているのかという情報を得るうえで有効であるが、伝えたいことがわかってきたらそれを周囲の人に受け入れられるような、相手にわかるように伝える練習もしていかなければならない。このような練習のことを研

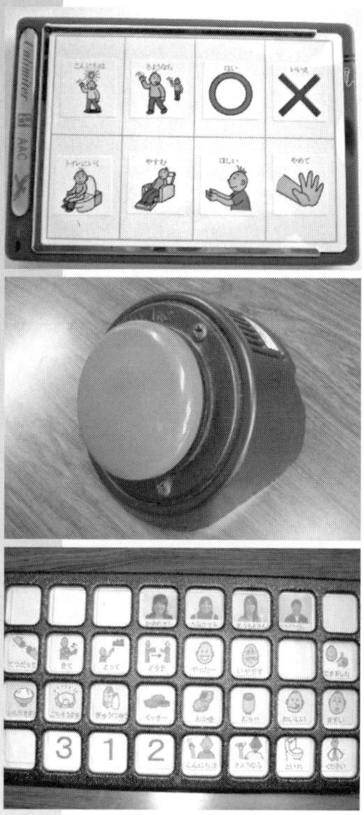

▲写真6、7、8　VOCA

▲写真9　こころWeb

究の領域では機能的なコミュニケーションの練習（FCT：Functional Communication Training）と呼んでいる。

機能的なコミュニケーションの練習で重要なことは、それまで子どもが使っていたスキルに替えて、新しいスキルを練習することで、従来の方法よりもより確実に自分の望みをかなえることができることを子どもに理解させることである。そして音声表出だけにこだわるのではなく、別の代替手段も考えるということである。

視覚的な情報を使って機能的なコミュニケーションの練習をする際に、シンボルカードやハイテクのコミュニケーションエイドの利用は効果的な方法である。

ハイテクのコミュニケーションエイドはVOCA（Voice Output Communication Aidの略。ヴォカと読む）と呼ばれている（写真6、7、8）。VOCAの最大の特徴は、オーバーレイ（VOCAにシンボルを登録する場所）上のしかるべき場所を押すと、そこに対応した音声を出力することができるという点である。音声が出力されるということは、周囲の人に伝わりやすいということである。伝達性の高さは、オーバーレイ上のシンボルに対応した反応が引き出しやすいということでもある。発信したことと、その結果との因果関係の理解が容易になるということである。この特徴を最大限に活用することができれば、やりとりを経験するための強力なツールとなるはずである。

日本では、現在50種類以上のVOCAが手に入るようになっている。これらの情報は「こころWeb（http://www.kokoroweb.org/）」というサイトで紹介されている（写真9）。

もう一つ、VOCAのオーバーレイやシンボルカードを作成するためのソフトを紹介しておく。VOCAのオーバーレイやシンボルカードを手書きで作っている人も多いと思う。時間のあるときはそれでもよいのだが、同じシンボルを一度にたくさん、それも大きさを変えたりして使う必要がある場合などは、手書きではとても不便である。このようなときに役に立つのが、VOCAのオーバーレイやシンボル用のカードを作るためのソフトである。代表的なものにボードメーカー（写真10）、PMLS（写真11）、ピクトプリント（写真12）というソフトがある。

これらのソフトを使うと比較的簡単にVOCAのオーバーレイやシンボル用のカードなどを作成することができる。VOCAのオーバーレイに使っているコミュニケーション用のシンボルカードを子どもが破ったり、濡らしたりして使えなくなってしまうことはよくある。シンボル作成用のソフトがあれば、すぐに作り直すことができるので重宝するに違いない。本書のCD-ROMにも280以上のシンボルカード用のデータが入っているので、上手に活用していただきたい。なおボードメーカーなどのソフトもこころＷｅｂで紹介されているので、参考にしていただきたい。

　これらコミュニケーションエイドを使ったコミュニケーションの練習については、第2章で触れることにする。

▲写真10　ボードメーカー

▲写真11　PMLS

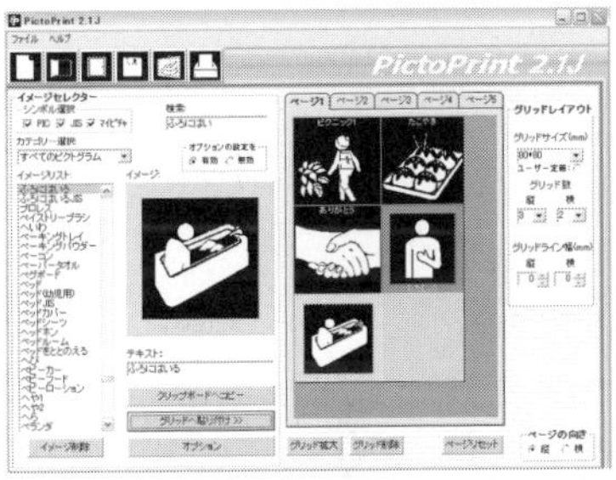

▲写真12　ピクトプリント

柔軟な発想を

●環境を作るために

　これまで述べてきたように、障がいのある人たちの障がいを克服し改善するのではなく、障がいがあるために生じる生活上の困難さを解決するように、いろいろ工夫することはとても大切なことである。そのためには、支援する側に柔軟な発想が求められる。できないことをできるように訓練するという発想だけではなく、今、その人が直面している困難なことを解決するためのアイデアを提案することが求められているのである。

　これまでに紹介した事例はすべて、訓練することでは解決しないことばかりではないだろうか。障がいのある人が今もっている力で解決することができるようにするための方法を工夫し、考え、それを実行することで、できる体験をしてもらう必要があるのである。苦労と努力を重ねてもできないこともある。可能性を信じ、それに向かって取り組むことを否定するのではないが、もし、それが不可能であることに向かってやり続けているとすれば、並行して、可能にする方法を考え、訓練以外の方法も提案すべきだろう。

一つのことにこだわってしまうと、それを障がいのある人に強要することになってしまう。不可能なことに挑戦し続ける障がいのある人がすばらしいということになってしまうのである。障がいのある人ががんばる。それはそれで、すばらしいことであると思う。しかし、障がいをもったら、なんでもがんばらないといけないのだろうか。そんなことはない。がんばる部分と、楽に生活する部分が混在してもよいのである。

障がいのある人たちも、できるようになりたいと思っているに違いない。支援を受けながらでもできることを望んでいる人も多いのではないかと思う。支援は踏み台である。今、手にしたいものが、手の届かないところにある。ジャンプしても届かないのである。障がいのある人に、「あなたはまだ力がないから、それを手にすることはできません」、「もっと訓練を重ねて、自分の力で手に入れることができるようにがんばりましょう」と誰が言えるだろうか。むしろ、踏み台を用意して、「これを使えば届くかもしれないよ」と提案することの方が大切なのではないかと思うのである。ＩＴ機器は踏み台になりうる。

ＩＴ機器を踏み台にして、今までできなかったことに挑戦するということは、手が届く環境を作るということであり、障がいの有無に関わらず、誰もがやりがいを感じることができるのではないかと思う。

第2章

コミュニケーションの達人になろう

コミュニケーションの記録をとってみよう

●実態を理解するために

コミュニケーションするためには、その子どものコミュニケーションの実態を支援者が理解する必要がある。そのための方法としてコミュニケーションの記録をとることを提案してみたい。

なぜコミュニケーションの記録に意味があるのか

●伝わる表現方法にするために

コミュニケーションの記録をとってみると、子どもが今どのような方法でコミュニケーションしようとしているのかがよくわかる。子どもたちの中には、クレーン（人の手を引っ張るなど）で表現したり、直接行動（直接ものに手を伸ばすなど）で表現したりしている子どももいる。このような方法は、時と場合によっては、周囲の人たちには、受け入れられないような行動になってしまっていることもあるだろう。しかし、それは、故意に人を困らせようとしているのではなく、人に意思を伝えるための適切なコミュニケーションの方法を知らないことが原因であることが多いと考えられる。

ちょっと考えてみよう。あなたが、言葉が全く通じない国に滞在することになったとしよう。私たちは、相手から何を言われているのかわからなかったときには、「わからない」と言って、両手を広げて首をかしげるという行動をすることがある。この行動には、「言われていることがよくわかりません」という意味があるのであるが、あなたが滞在することになった国では、この行動には「トイレに連れて行って欲しい」という意味があったとしよう。

あなたは、その国の人に話しかけられても、何を言われているのかがわからないので、手を広げ、首をかしげ、「わからない」ということを表現する。すると、そのたびに、その国の人にトイレに案内されることになってしまうのである。あなたは、「トイレじゃないのに、なぜトイレに連れて行かれるのだろう」と思い、その国の人たちは「この人は、何度もトイレに行きたいと繰り返す変わった人だ」と思うだろう。これが何度も何度も繰り返されると、その国の人は、あなたのことを「すぐにトイレに逃げ込む、問題行動のある人だ」と思うかもしれない。

また、このようなことが長く続くと、あなたは、相手の顔も見ないようになっていくのではないかと思う。視線回避の状況が起こってしまうのである。

日頃何気なく行っているやりとりを振り返ってほしい。先に述べたようなことが、日頃接している子どもたちとのやりとりの中で起こっている可能性はないだろうか。適切な表現の仕方を知っていたらこのようなことにはならないのに、相手に通じないような方法で表現してしまうから、このようになってしまうのである。このようなすれ違いを起こさないようにすることはできないものだろうか。

もし、あなたと子どもたちとの間で、上記のようなすれ違いが起こっているとしたらどうすればいいのだろうか。このようなすれ違いは、適切なコミュニケーション方法を身につけることができれば解決するのではないかと考えられる。その子が使っている表現方法を、少し改善して相手に伝わる表現方法にすることができれば、子どもたちとの間でもっと楽しくやりとりすることができるようになるはずである。

では、どのような手順で、適切なコミュニケーションの方法を提案していけばいいのだろうか。その子どもの実態に応じたコミュニケーションの方法を提案していくためには、まず、子どもが今、どのような方法でコミュニケーションしているのか、しようとしているのかを知ることから始めることが大切である。今、どのような方法で伝えようとしているのかを知ることができれば、コミュニケーションすることを練習する場面を考えることができるからである。

子どもがどのような場面で、どのような方法で、どのようなことについてコミュニケーションしようとしているのかを知ることによって、コミュニケーションの指導をする際の目標も明確にすることができる。まず、子どもと、周囲の人との間で行われているコミュニケーションの実態を知ることが大切になるのである。

このようにして、子どものコミュニケーションの実態を知り、それを考慮しながら子どもとの間で行われるコミュニケーション方法や手段について、子どもにストレスをかけすぎることなく指導するための方法を考えていくのである。

この章では、子どものコミュニケーションの実態を知る方法のひとつとして、コミュニケーションの記録をとってみることにする。コミュニケーションの記録をとることにより、その子どもが今もっているコミュニケーションの力を知り、子どもに合った適切な指導目標を立てることができると考えられるからである。これらを利用して子どもたちから自発的なコミュニケーションを引き出し、その方法が周囲の人に受け入れられやすいものになるように工夫していきたいと思う。

なお、ここで紹介しているコミュニケーションの記録は、アメリカのノースカロライナ州の保健政策であるTEACCHプログラムで取り入れられているコミュニケーションサンプルを記録しやすくしたものである。

コミュニケーション記録のとり方

●自発的な表出を記録しよう

コミュニケーションの記録をとることは、そんなに難しいことではない。子どものコミュニケーションの様子を観察し、どのような自発的なコミュニケーションをしているのかを記録するだけの単純なものである。

表2がその記録用紙である。記録用紙のデータはこの本についているCD-ROMの中にExcelのファイルとして入っている。記録用紙にはいくつかの項目があるが、この項目に従って記録していくのである。

書き込んでいく上で注意しなければならないことは、子どもの自発的な表出を記録することである。そして、はっきりとわかるものを記録していくことである。これはどうなんだろうと判断に困るような、わかりにくいものは記録する必要はない。明らかにわかるものだけを記録していくようにする。

しかし、対象とする子どもによっては、自発的にコミュニケーションしてくることが少ない場合がある。このような場合は、あえて、自発的なコミュニケーション行動を引き出すような場面を作る必要があるかもしれない。例えば、大好きな缶ジュースのふたを開けないで渡してみるといったようなことである。缶ジュースのふたを開けてほしいということをどのような方法で表現するのかを観察し、記録するのである。大好きなカレーを食べるときにスプーンがないと、どのような方法でスプーンを要求するのだろうか、というようなことをみていくわけである。おやつの場面を設定することで、自発的なコミュニケーション行動を引き出すことが可能になる場合もあるだろう。

このような点に配慮しながら、記録をとっていくのである。

コミュニケーションの記録

子どもの名前（　　　　　　　　　　）　　　　記録者（　　　　　）
記録日（　　　　　　　　　）

		機能				文脈			
どのような場面で（文脈）	どうした（子どもの言動）	要求	注意喚起	拒否	その他	どこで	だれに	手段	備考

表2　コミュニケーションの記録表

●記録する内容

では、具体的に記録をとっていくこととしよう。

まず、場面である。どのような場面で伝えてきたのかを記録する。自発的なコミュニケーション行動が見られたのは、食事のときなのだろうか。おやつのときなのだろうか。それともビデオを見ようとした場面なのだろうか。どのような場面で自発的なコミュニケーションが見られたのかを記録するのである。

次の欄には、自発的なコミュニケーション行動が、どのような行動だったのかを具体的に記録する。お母さんの手を引っ張っていった（クレーン）であるとか、お茶碗をお父さんに差し出したといったようなことである。なかには「おかわり」と言葉で言うこともあるだろう。このような行動を具体的に記述する。

次に機能である。コミュニケーションの機能には、様々なものがあるため、細かく分けると記録することが難しくなることが予想される。そこで本コミュニケーションの記録では、その行動が果たしていると考えられる機能を「要求」と「注意喚起」と「拒否」、「その他」の四つに分けている。

「要求」は何かをしてほしいときや、何かがほしいときにしている行動のことである。「注意喚起」は「お父さん」、「お母さん」、「先生」などといったように、注意を獲得するために呼びかけるという行為にあたるものである。「拒否」は「いやだ」ということを表現するために果たしている機能で、奇声を発したり、周囲の人をたたくといった方法で表現したりしている子どもがいるかもしれない。

「その他」は挨拶などである。「おはよう」や「おやすみなさい」、「さようなら」などがそれにあたる。また、「要求」、「注目」、「拒否」のいずれにも分類することができないものも「その他」に記入する。これらについて、そ

の状況と文脈を意識しながら記録していくのである。

次に場所を記入する。自発的なコミュニケーション行動が見られた場所はどこなのかということである。もし、特定の場所でコミュニケーション行動がよく見られるのであれば、その場所にコミュニケーション行動を引き出すための、何かヒントが隠されているかもしれない。

次に記録するのはコミュニケーションの相手である。自発的なコミュニケーション行動が誰に対して見られたのかということである。子どもによってはコミュニケーションの対象が偏っている場合があることも少なくない。家では、コミュニケーションの相手がお母さんばかりだったりすることがあるということである。

次に手段である。どのような手段で自発的に伝えようとしていたのだろうか。それは、音声による言葉だったのか、それともジェスチャーだったのか、カードだったのか、VOCAなどのハイテクのコミュニケーションエイドだったのか、それらを具体的に記入していく。この欄は、先のどのような行動であったのかということが具体的に書かれていれば、あとから整理するときに記入してもよい。

最後に備考の欄である。この欄には、その他必要だと思われる情報を記入しておく。コミュニケーション行動を評価するときの、重要な資料となるからである。

少なくとも記録用紙3枚（約80サンプル）が埋まるくらいまで記録してみる。あまりに少ないと、子どものコミュニケーションの特徴が表れないからである。数回のコミュニケーション場面だけでは見えてこないものがあるということである。

●記録を整理する

次に、記録した内容を整理していこう。この本についているCD-ROMの中にある「コミュニケーションの記録シート」では、表の中に該当する項目を記載していけば、Excelが記入された内容を処理して、その特徴がわかるようにグラフにしてくれる（次ページ図8）。 記録したシートの上段右に「集計」のボタンがついている。このボタンをクリックすると、シートに書き込んだ内容はグラフになる。このグラフを参考にして、子どものコミュニケーションの実態を確認するのである。これらをグラフにすると、その子どものコミュニケーションにおける得意な面と不得意な面がわかる。

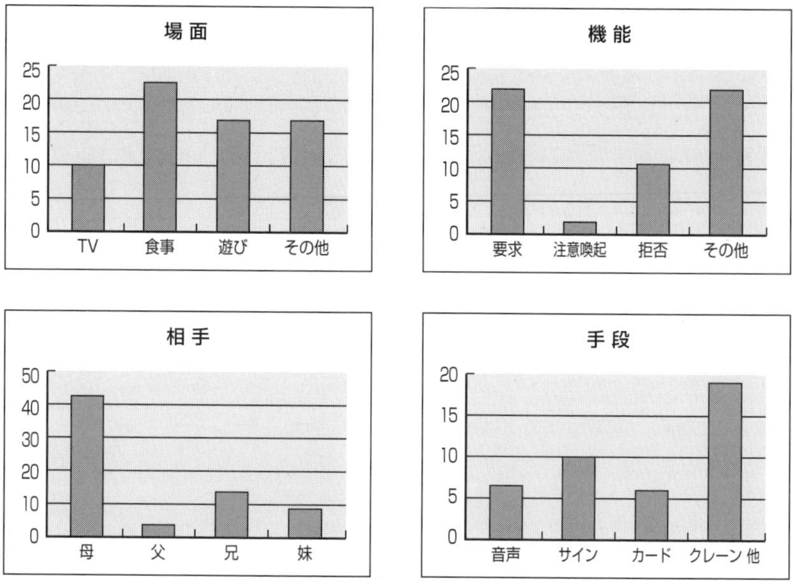

▲図8　コミュニケーションの記録のグラフ

●目標の設定

グラフにすることができたら、コミュニケーションの練習をする際の目標を立てることになる。ここで忘れてはならないのは、子どもが得意なところを中心に考えるということである。私たちは、子どもが苦手としていることを改善したいと考えて、できていないところに目を向けがちである。しかしコミュニケーションの場合は、伝わったという実感や体験が重要になるので、子どもができていることを中心に考えることが大切となる。そのうえで、どのような点に変化を加えれば効果的なコミュニケーションの練習ができるようになるのかを考えるのである。

今まで、適切なコミュニケーション行動が身についていなかったために、伝わらなかった経験も多くしていると考えられる子どもの中には、コミュニケーションすることを苦手としている子どももいるはずである。そのような子どもに対して、いろいろ要求しすぎたり、不適切だと思われるコミュニケーション行動だけをターゲットにしたりしても、コミュニケーションしようとすることがお互いに負担になるかもしれない。そのようになってしまったら、楽しいはずのコミュニケーションの練習もつまらないものになってしまう。そうではなくて、お互いに負担にならない楽しい方法を考えていくことが、コミュニケーションの練習を継続的に行うコツなのである。

もう一度図8のグラフを見ていただきたい。このグラフの結果を例にして目標の設定を考えてみよう。

まず、コミュニケーションの練習をする場面として選ぶのは、食事の場面である。なぜならば、最も自発的なコミュニケーション行動が出ている場面だからである。最も自発的なコミュニケーション行動が出ている場面は、コミュニケーションの練習をするうえで、最も効果的かもしれないし、練習の機会も多くなると考えられる。練習の回数が多ければ多いほど、コミュニケーションは上手になる。何でも練習の回数が多い方が、上手になるからである。

次に機能である。ここでは、拒否を適切に表現することができるようにすることを目標にしてみる。この子の場合は、拒否をすることがうまくできていないことが考えられる。つまり、いやなことを「いや」ということができないということである。このような状況はつらい状況に違いない。

次は相手である。この場合は、拒否を出す対象は母親になる。コミュニケーション行動がでやすい母親を相手にするのである。コミュニケーションの対象として、父親を選ぶのはいい選択とは言えない。なぜならば、コミュニケーションすることが苦手な相手だと考えられるからである。

手段は、カードと音声の併用、サインと音声の併用ということになるだろう。クレーンよりも、より間接的な方法を使うようにすることで練習するのである。例えば、「いや」というカードを作り、それを机上に置き、嫌いな食べ物が出たときに「いや」と表現させるために、そのカードを指さしたり、手渡したりしてもらうようにするのである。「いや」という表現が出たら、そこで、嫌いなおかずを目の前で減らすようにする。「このくらいなら食べられるかな？」と交渉をするのである。

注意喚起を目標とするならば、食事の場面でお母さんに対し要求する前に「お母さん」と注意喚起をする練習をする。お母さんは「お母さん」と書かれた名札などをつけておいてもよいかもしれない。それを指さしながら「お母さん」と呼びかける練習をするのである。「お母さん」と呼びかけられたら、「はーい」と返事をし、その後、要求されたことをかなえるようにする。

機能ではなく相手を変えたい場合は、食事の場面に、子どもが得意とする要求の機能を使うようにする。対象は「お父さん」にということになる。対象が父親の場合は、クレーンでもよい。父親に対して積極的にコミュニケーションできるようにすることが目標になる。この場合は、この場で手段まで練習するのではなく、対象を広げることを優先させて練習をするのである。カード等の手段を父親に対して練習するのは、父親に対してクレーンが十分に出るようになってからでも遅くはない。

このようにして目標を立ててコミュニケーションの指導を実践していくのである。

家でも学校でも練習を

●練習の機会を作る

コミュニケーションの記録で明らかになった実態を生かした具体的な練習について、家庭や学校でも簡単にできる方法を紹介しておきたいと思う。対象として考えていただきたいのは、音声表出によるコミュニケーションがまだ十分にできない子どもである。コミュニケーションの記録からは、おやつの場面で要求が多く見られることがわかった。直接他人の手を引っ張って、お菓子を要求するなど、クレーンは見られる子どもである。

まず、1日に1回でよいから、子どもと一緒におやつを食べる場面を設定する。1日1回することができれば、1年間で365回も練習することができるのである。負担にならない範囲でそのような機会を設けることが大切である。

それでは、カードを使って練習する方法について簡単に紹介しよう。

●カードを使う際に準備するもの

ここで準備するものは、子どもの好きなお菓子1種類とお皿、「ちょうだい」を意味するシンボルカードである。このようなときに簡単に使うことができるシンボルシール（写真13）も出ている。

▲写真13　シンボルシール

●カードを使った具体的な練習

テーブルの上にはお皿と「ちょうだい」のシンボルカード、またはVOCAを置いておく。できれば、子どもを含めて3人でするのが望ましい。一人がお菓子の係、一人が支援者である。3人の場合はお皿は2枚である。支援者は、「ちょうだい」のシンボルをお菓子の係の大人に渡し、お皿にお菓子を入れてもらう。もちろんお菓子はおいしそうに食べてもよい。つまり、「ちょうだい」のシンボルを渡してお菓子をゲットするところを子どもに見てもらうのである。

モデルを見せても、「ちょうだい」のシンボルカードを自分から渡すことが難しい場合は、「ちょうだい」のシンボルを指し示し、渡すことを促してもよいだろう。最初は、その様子を見ても、「ちょうだい」のシンボルをお菓子の係の人に渡すことは難しいかもしれない。その場合は、支援者が子どもにそのカードを持たせ、一緒に手渡すように支援する。そうしたら、お菓子の係は、子どものお皿にお菓子を数個入れるのである。このようにして、繰り返し練習することが大切である。

●VOCAを使う場合

VOCAの場合もカードの場合と基本的には同様である。VOCAのオーバーレイ（押す部分）には「ちょうだい」を表すシンボルを表示し、「ちょうだい」と録音しておく。適切なシンボルを押して、「ちょうだい」と発信したらお菓子をお皿に入れるのである。もちろん最初は、支援者がモデルを示すようにする。VOCAのしかるべきシンボルを押し、「ちょうだい」と発信されたらお菓子を手に入れることができるところを見てもらうのである。

モデルを示しても、適切なシンボルを押すことができない場合には、しかるべきシンボルを指し示すようにする。それでも押すことができない場合は、子どもの手をとって、シンボルを一緒に押すようにする。シンボルを押せば「ちょうだい」と音声が出て、その結果としてお菓子が手に入るという経験を繰り返すことによって、その因果関係を学習し、コミュニケーションの手段として機能するようになっていくのである。

●VOCAの特性を生かす

VOCAの場合は、第1章でも触れたように、音声が出るという伝達性の高さが特徴である。つまり、注意喚起も練習することができるということである。お菓子の係の人の名前を登録しておくことで、その部分を押せば、「○○さん」などと音声が発信され、その人の注意を獲得することができるということである。カードでは果たせない機能をVOCAはもっているので、その特徴を生かさない手はない。

●練習する際に大切なこと

練習する際に大切なことは、お菓子を一度にたくさん渡さないということである。一度にたくさん渡してしまうと、せっかくの練習の回数が少なくなってしまうからである。もちろんジュースでも同様である。ジュースもコップには一度にいっぱい入れない。1回のお菓子やジュースを使ったやりとりで、複数回練習することができるようにしておくのである。練習の回数を確保することもコミュニケーションの練習をしていく上では大切なことなのである。

1日5回練習すれば、1年間で1800回以上練習をすることができる。効果的な練習になるはずである。

1種類のお菓子で確実にシンボルカードを渡したり指し示したり、VOCAで適切なシンボルを押して、お菓子を手に入れることができるようになったら、少しずつお菓子の種類を増やしていき、どのお菓子がよいかを選択ができるようにする。選んだものが手に入るという経験ができるようにするのである。

●二人で練習しなければならないときは

対象となる子どもを含めて、3人いない場合もあると思う。むしろ3人揃わない方が多いかもしれない。このような場合はどうすればよいのだろうか。その場合も向かい合って座り、「ちょうだい」のシンボルカードを手に持たせ、大人のもう一方の手に手渡すように練習をするのである。ただ、モデルを示すことができないという難点がある。どのようにして、カードを渡したり、VOCAのシンボルを押したりすることを知らせるのかということである。

練習の前に、カードを渡す様子やVOCAのオーバーレイを押すことをビデオなどで見せて知らせておくという方法が考えられる。少しでもすることを理解できるように示すことが大切なのである。3人いる方が効果的ではあるが、二人しかいないのだからそうするより仕方がない。あとは、3人でする場合と同様である。シンボルカードが手渡されたり、VOCAで発信されたりしたら、お皿にお菓子を入れるようにするのである。

さあ、チャレンジしてみよう。目の前にいる子どもとコミュニケーションするためのヒントが見えてくるはずである。そして、何より大切なことは、コミュニケーションすることが楽しくなるということである。

第3章
携帯電話でらくらくサポート

携帯電話でちょこっとコミュニケーション

●誰もがもつツールを使う

この章では、ＩＴを使ったアイデアを提案したい。中でも重要だと考えているのは、現在、携帯電話の利用である。携帯電話は誰もがもつツールとなっている。この携帯電話を利用することができれば、効果的な支援につながるのではないかと考えられるからである。

●携帯電話は使えないの

発達障がいや知的障がいをもっている人の中にも、ＩＴ機器に興味をもっている人が少なくない。中でも携帯電話に興味や関心をもっている人は多いようである。このように興味関心の強い携帯電話を障がいのある人を支援するための支援ツールとして使うことはできないだろうか。

そのことを考えるにあたって、まず携帯電話の特徴を簡単にあげてみたい。

○携帯性に優れている
○通話ができる
○きれいな文字で文章をつづることができる
○スケジュールの管理をすることができる
○メールを送ることができる
○カメラ機能を使って、動画や静止画を記録することができる
○メモ機能を使うことで、文字として記録することができる
○音声メモの機能があれば、音声でメモを記録することができる
○漢字がわからないときには、その変換機能を使うことで、漢字を調べることができる
○計算ができないときには、電卓の機能を使うことができる
○静止画や動画を見ることができる
○音楽を聴くことができる

○持っていたらかっこいい

このような特徴が携帯電話にはある。これらの特徴は利用法の工夫によっては、障がいがある人の苦手なことを助ける可能性をもっている。これらの機能を活用することができるようにすれば、発達障がいや知的障がいのある人の生活上の困難さを解決したり、改善したりすることができる可能性があるということである。

視覚障がいのある人の場合を例に挙げて考えてみよう。視覚障がいのある人は、周囲の様子や身の回りのことを見ることができないために困っていることがあると考えられる。

例えば、衣服についてである。その日の天気や気温、気候に合わせて、私たちは衣服の色を変えたり、その素材を変えたりしている。しかし、視覚障がいのある人の場合は、自分の着ている服の色を見ることができないのである。今、着ている服の色合いやバランスなどが、周囲の人にどのように思われているのかきっと気になるに違いない。「今日の服は気温や気候に合っているのか」、「上下の服の色合いは大丈夫だろうか」と。

このようなときに携帯電話のカメラ機能を使ってみるのである。携帯電話のカメラ機能を使って、写真を撮り、それを知人に送り、その人に見てもらって意見を聞くのである。このようにすることで、服についての助言を得ることができ、その結果、生活上の困難さを改善、克服することができる。

先日、河合さんという方にお会いした。河合さんは全盲である。みなさんもご存じかもしれないが、パラリンピックの水泳の金メダリストである、あの河合さんである。お会いしたとき、河合さんはとてもおしゃれで、服のセンスは抜群であった。「河合さんはセンスがいいですね。服の色はわかるんで

すか？」とたずねると、「携帯電話のカメラを使って撮ったら、その色を音声で伝えてくれるソフトがあるのです。それを使っていますから、色は大丈夫です」とおっしゃっていた。携帯電話を使うことで、自分で色を判断することができるのである。

このようにして生活上の困難さを克服しているのである。服の色を自分で選んでコーディネートして着る、とても素敵なことではないだろうか。余談であるが、服のセンスは奥さんの方がいいらしい。だから、必要なときには奥さんにお願いしているそうである。負担にならないところでお互いに助け合うのも方法である。

それでは、その他にどのようなことが考えられるのか整理してみることにしよう。

●きれいな文字で書くことができなくて困っている場合

▲写真14　ワープロを使って

写真14のCちゃんは、知的障がいと自閉症をあわせもっている。Cちゃんは鉛筆を持って字を書くということがなかなかできなかったために、字をおぼえることが困難であった。文字を書く練習をするために、何度も鉛筆を持って書くように促すのだが、そのたびに癇癪を起こしてしまうので、文字を書く練習ができなかったのである。

たまに鉛筆を持って書こうとしたときにも、枠から少しでもはみ出たり、ずれたりしたときには同じように癇癪を起こしていた。自分の思った通りの字を書くことができなかったためである。

このようなとき、字を書かせるということにこだわることは、お互いにとって不幸なことに思われてならない。鉛筆やペンを持つことに抵抗を感じて、癇癪を繰り返す知的障がいや自閉症をもっている子どもに対して、鉛筆やペンを無理やり持たせて字を書くという訓練を繰り返すことに、どのくらいの意味があるのかということである。

かといって、文字を綴る練習をしなければよいかというとそうではない。こんなときに、「今はまだ、鉛筆やペンを持って書けなくてもいいよ」というようには考えられないだろうか。文字や数字に興味をもてるようにすること、読むことができるようにしていくこと、パソコンや携帯電話を使ってでもよいから、文字を打つことができるようになることの方が、大切なのではないかと考えてみてはどうだろうか。鉛筆やペンを持って字を書くことができるようになるのが先だと考えるのではなく、他の方法も利用して文字を書くことができるように考えてみるのである。

Cちゃんの場合、ワープロやパソコンや携帯電話には興味をもっていたので、それらを使うことによって、文字をおぼえていった。今では、鉛筆やペンを使って字を書くこともできるようになってきている。このように考えると、どちらが先でもよいのではないかと思ってしまう。

少なくとも、Cちゃんにとっては鉛筆にこだわって指導するよりも、ワープロなどの機能を使って指導したことがよかったということである。このような子どもは、まだまだ多くいるのではないかと考えられるがどうだろうか。あなたのクラスにはいないだろうか。

知的障がいや自閉症のある子どもたちが、このような方法で字をおぼえていくことはいけないことだろうか。上肢に重度の障がいのある人の場合には、鉛筆を持って書くことができないから、ワープロを使ってという発想は従来からあったと思う。一方で鉛筆を持つことができるスキルをもっている人の場合には、ワープロや携帯電話でという発想はなかったようである。しかし、数字や文字を読んだり、打ったりすることから文字を書くことができるようになっていく人たちもいるのである。支援者がもっと柔軟になる必要があるのではないかと思う。

●スケジュールの管理をするために

同じCちゃんについてである。文字を携帯電話に入力していくのと同じように、その日のスケジュールを確認する際に、携帯電話のカレンダーを利用する練習もはじめた。Cちゃんはすぐに操作をおぼえ、自分でカレンダーを呼び出して見るようになった。その後「○がつ○にち」と携帯電話のメモ機能で打つことができるようになり、数字をおぼえていった（写真15）。普通のカレンダーも見るようになり、教室に掲示している予定表にも興味をもつようになった。

▲写真15
携帯電話で数字をおぼえる

また、昼休みを終えて教室に帰って来る際にも携帯電話を使っていた。音楽がなったら帰ってくるのである。利用する人の好きな音楽を入れておいて、その音楽がなるようにセットしておけばよいのである。活動の切り替えをするために、携帯電話のアラーム機能を使っていたということである。

余談であるが、Cちゃんが好きな音楽は、フランシス・コッポラ監督の『地獄の黙示録』の音楽であった。その音楽が鳴って教室に帰っていくCちゃんに、同僚の先生は「Cちゃん、また地獄へ帰るの、大変だね」と声をかけていた。もちろん、私のいた教室のことである。地獄であるはずがないのに……。

●メールを送ることができる

次のメールは知的障がいのある女性から送られてきたものである。

> 坂井先生へお元気ですか。
> 昨日、e－ATセンターで仕事して阿部さんからお給料を頂きました。嬉しかったです（＾０＾）阿部さんと同じ職場で働けるのは、嬉しいし楽しいです。
> 私は、6月13日に始めて阿部さんと塩田さんと遊びに行きました。お昼一緒に食べた後、シーサイドボウルへ行きました。
> その後、シダクッスカラオケに行きました。
> 楽しかったです。
> 坂井先生も、水曜の夜遅くに大学の中邑研究室に行っているんですか。
> 先生は、中邑研究室に行って何をしていたんですか。
> 私は、明日も9時半～1時半まで仕事に行きます。

さて、このメールを読んで、知的障がいのある方が送ってきたメールであると誰が考えるだろうか。漢字の使い方についても、知的障がいがあるというようなことは全く感じさせない。以前、彼女に「どうしてこんなに漢字を打つことができるの？」と聞いてみたことがある。彼女の答えは、「候補がでてきたら、それから選べばよいから打てる」ということであった。つまり、書きたい漢字を再生することができなくても、再認することができればメールの場合は漢字まじりの文章を送ることが可能になるということである。

同じ文章を彼女にペンを使って書いてもらったことがある（写真16）。メールをプリントアウトしたものが写真17である。どちらの方が本当の力だろうか。本人に聞いてみた。「もちろんメールの方に決まっているでしょ。どっちがきれいだと思っているのよ」というのが答えであった。写真を比較したら、やはり、メールをプリントアウトした方がきれいだと感じるのは、私だけだろうか。そうではないはずである。

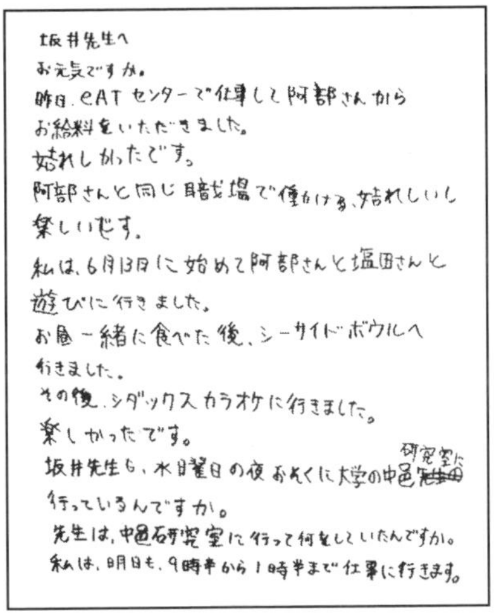
坂井先生へ
お元気ですか。
昨日、eATセンターで仕事して阿部さんから
お給料をいただきました。
嬉しかったです。
阿部さんと同じ職場で働ける、嬉しいし
楽しいです。
私は、6月13日に始めて阿部さんと塩田さんと
遊びに行きました。
お昼一緒に食べた後、シーサイドボウルへ
行きました。
その後、シダックスカラオケに行きました。
楽しかったです。
坂井先生も、水曜日の夜おそくに大学の中邑研究室に
行っているんですか。
先生は、中邑研究室に行って何をしていたんですか。
私は、明日も、9時半から1時半まで仕事に行きます。

▲写真16　ペンで書いたもの

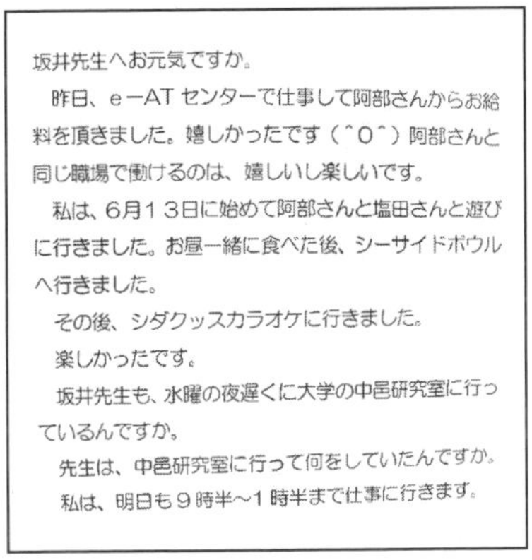
坂井先生へお元気ですか。
昨日、e－ATセンターで仕事して阿部さんからお給料を頂きました。嬉しかったです（^０^）阿部さんと同じ職場で働けるのは、嬉しいし楽しいです。
私は、6月１３日に始めて阿部さんと塩田さんと遊びに行きました。お昼一緒に食べた後、シーサイドボウルへ行きました。
その後、シダクッスカラオケに行きました。
楽しかったです。
坂井先生も、水曜の夜遅くに大学の中邑研究室に行っているんですか。
先生は、中邑研究室に行って何をしていたんですか。
私は、明日も９時半～１時半まで仕事に行きます。

▲写真17　プリントアウトすると

彼女は、重要なことはメールで送ってくることが多い。会話だと、途中でわからなくなることがあるからなのだそうである。メールだとゆっくり読んで考えることができるから安心だというのが理由であった。携帯電話はどのくらい大切なものと聞いたら、メールがないと生きていけないので、命の次に大切なものと返ってきた。携帯電話が果たしている機能を考えると納得できる答えであった。

次のメールは知的障がいのある小学生から送られてきたものである。

「しゃしんみました。あさって　○○のうんどうかい
です。おとうさんとみにいきます。坂井先生すきで
す。かんじうった」

このメールからは、漢字を書くことがどれほどうれしいのかが伝わってくる。知的障がいのある人の中には、漢字を書きたいと思っている人も多いのではないだろうか。先にも述べたように、漢字を再生することができなくても再認できれば、漢字まじりの文章を書くことができるのである。知的障がいのある人にとって漢字を書くための強力なツールになるはずである。

●カメラ機能を使って、動画や静止画を記録することができる

写真18は携帯電話を記憶を保持するための道具として使っているDさんである。この写真は、Dさんが、掃除機の写真を撮っているところである。Dさんは、私の研究室に事務補助と掃除のアルバイトに来ている。あるとき、研究室で使っている掃除機のごみ袋が一杯になってしまった。Dさんは、研究室にごみ袋が残っていないことに気が付き、そのゴミ袋を買うために、掃除機の機種を携帯電話で写真に撮っているところである。ここで撮った掃除機の写真を電器店で見せることで、Dさんは、掃除機の機種を間違えることなくごみ袋を買ってくることができた。メモを取ることが苦手なDさんは、このような方法で自分が苦手としていることを克服しているのである。

また、動画や静止画は、次にする活動や活動の内容を伝えるためにも使うことができる。写真19は今からする活動を携帯電話の動画で見せているところである。言葉でうまく伝えることができなくても、視覚的な情報として伝えることで理解をすることができる子どもたちもいるのではないだろうか。

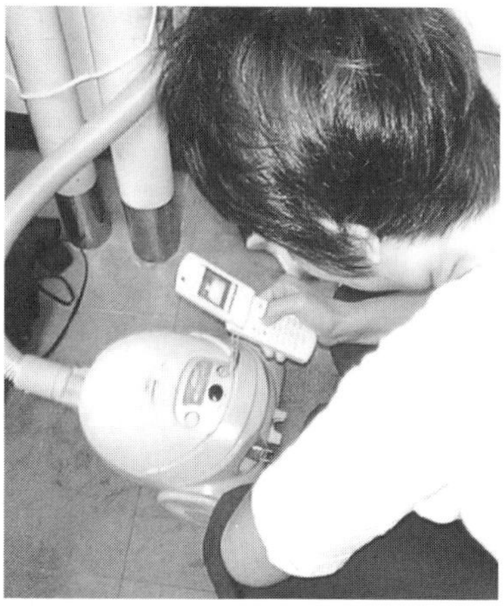

▲写真18
記憶を保持する道具として

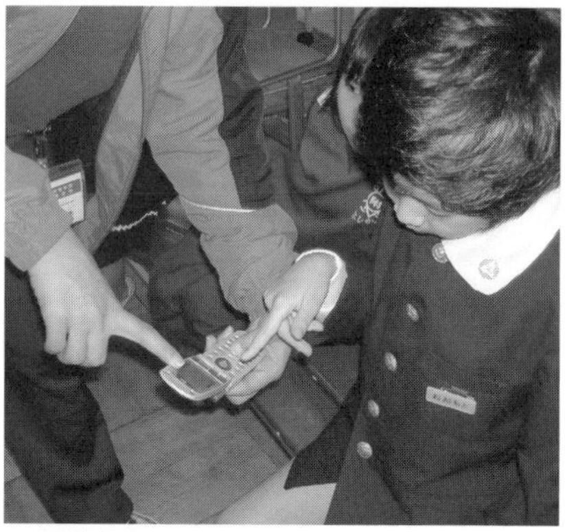

▲写真19
動画で活動内容を伝える

●漢字がわからないときには、変換機能を使い漢字を調べることができる

写真20は、携帯電話で漢字を調べる知的障がいと自閉症のあるＥさんで

ある。Eさんは、作業所で仕事をしながら夕方研究室にきて、短時間のアルバイトをしている。事務処理がアルバイトとしての仕事である。彼は毎日日記を書くことを日課にしている。日記を書くときには漢字を使わないと気がすまないようである。そこで漢字がわからないと、携帯電話の変換機能で漢字を調べて、日記を書く。

Eさんは、知的障がいがあるとは思えない漢字を使っている。かなり難しい漢字も使って日記を書くのである。漢字がわからなくて困るので、漢字を調べるために携帯電話を使っているのである。彼は、国語辞典を使って漢字を引くことはできない。どこを調べてよいのかわからないからである。このような場合にも携帯電話を使うことで苦手を克服することが可能なのである。

▲写真20
携帯電話で漢字を調べる

●計算ができないときには、電卓の機能を使うことができる

写真21は、携帯電話で計算する知的障がいと自閉症のあるFさんである。Fさんは携帯電話があれば、計算ができる。計算機でするよりは携帯電話でする方が好きなようである。将来、日頃から持ち歩く可能性が高い携帯電話で、計算の練習をしておくこともとても大切なことではないだろうか。

▲写真21　携帯電話で計算

●静止画や動画を見たり、音楽を聴いたりすることができる

これらの機能は、待合室で待っていたり、電車を待っていたりするときに使うことができるものである。写真22は、パニックをおこしそうになったときに、気分転換に携帯電話の動画の機能を使っているところである。その子の好きな動画を見ることによって、落ち着くことができる場合もあるのではないかと考えられる。

誰でもイライラすることはある。そんなときに、自分なりの方法で気分転換するようにしている人も多いと思う。しかし、気分転換の方法を自分で見つけられない子どもたちの場合、イライラしながら過ごすことになってしまうのである。そこで、携帯電話を使った気分転換の仕方についても提案する

▲写真22　気分転換にも

ことができればいいのではないだろうか。楽になる子どもたちも多いに違いない。

電車などの公共交通機関などを使うときにも、落ち着いて利用するためにこうした機能を使うことも可能であると考えられる。

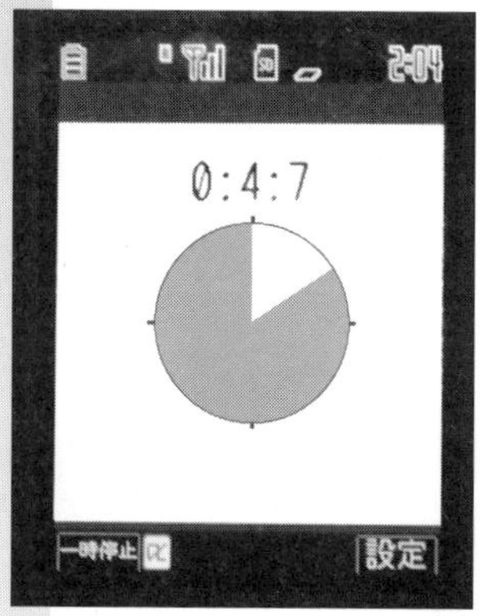

▲写真23　TAMの画面

●時間がわからなくて困っている場合にも

本書に付いているCD-ROMからタイムエイドモバイル（TAM）というアプリをインストールできるようになっている（写真23）。これは、時間がわからなくて困っている場合に使うことができるものである。

第1章でも触れているが、時間というのは目に見えないものなのでイメージすることができにくい。

活動の終わりを知らせるための方法として、視覚的な構造化をすることによる工夫をしているところもある。授業などの終わりを知らせるために、その時間にする課題の量で終わりを知らせるという方法である。この場合は課題がなくなったら終わりというようなルールを決めておく必要がある。課題がなくなったら終わりということが理解できれば、その時間にどれだけするのかということを理解できるようになっていくであろう。「どれだけするのか」が視覚的な情報として提示されていることがわかるようになるからである。

このような方法は、量が明確な物については有効で効果的である。しかし、活動によっては、量を具体物で示すことができにくいものも少なくない。たとえば、テレビゲームの終わりなどを伝えるような場合である。こちらは、「はい」終わりというように伝えたり、「もう少しで終わり」と言ったりするだけで、どのようになったから終わりなのかを伝えることができない。そのために、スイッチを切ったとたんにパニックになるという子どももいるのではないかと思う。このように、量を具体物によって明確に示せないものについては、「どれだけするのか」ということを伝えるのは難しいということである。

このような場合、最も便利な方法は、時間を知らせることである。「あと残り○○分」とか「○○分までする」というようなことが理解できれば、「終わり」に対する見通しをもつことができるようになるからである。ところが、時間は目に見えないものなので、それを量として理解するのは困難である。見えない時間を見えるようにし、理解しやすくするための道具として、デジタル時計やアナログ時計があり、それらは私たちが日常生活の中で活用しているものである。

しかし、知的障がいや自閉症のある人の中には、デジタル時計の数字を読むことができても、それを時間として理解し、それを量として考えることが困難な人や、アナログの時計を見て、短針と長針の位置は理解することができても、そこから時間を読み取ることが困難である人が少なくない。このような場合は、時間を伝えたとしても、そこから残り時間を計算することができないために、見通しをもつことができるようにはならないのである。

そこで、携帯電話用のタイムエイドであるTAMを紹介したい。CD-ROMの中のQRコードを携帯電話で読み取りアクセスしてもらいたい。そこで、アプリをダウンロードすると、携帯電話にタイムエイドとしての機能を入れることができる。今は、ドコモとウィルコム版しか用意できていないが、これらを用いることで、残り時間を表示して、活動の終わりや次の活動の始まりを理解することを支援できるのではないかと思うのである。

おわりに

コミュニケーションは意思のやりとりであるために、野球のキャッチボールによく例えられる。やりとりをするからである。コミュニケーションの場合は、言葉などの様々なモードを使ったやりとりであり、キャッチボールの場合はボールである。

まだうまくできない人とキャッチボールをするとき、最初は取りやすいボールを投げる。なぜならば、相手がボールを受け取ることができるようにするためである。そして、相手が投げたボールが弱々しいものであっても、「上手に投げたね」と言って、大げさなアクションで捕ったりする。もっと投げてみたいという気持ちをもつことができるようにするためである。

その場合、キャッチボールの経験があり、うまくボールを投げたり受け取ったりすることができる人の方が、うまくできない人に合わせるようにしているはずである。なぜならば、経験のない人が経験のある人に合わせることはできないからである。

コミュニケーションの場合も同じではないだろうか。コミュニケーションをうまくとることができる人が、まだ、未熟な人に合わせなければならないのではないかと思うのである。つまり、少しでも相手が理解できるように発信し、相手からの発信を受け止めていかなければならないのではないかということである。支援する側が、相手に合わせる工夫を始めるならば、もっと楽しくやりとりができるようになるに違いない。相手に合わせる努力をする必要があるのである。

この本を読んだ人たちが、少しでも相手に合わせる努力をしてみようと思ってくれれば幸いである。ひょっとしたら相手に合わせる努力をしてきたつもりだったが、実は、相手が自分に合わせてくれているのかもしれないということに気がつくかもしれない。

最後に「はじめに」で触れた、小学生からのメールに対応したあと、お母さんから送られてきたメールを紹介しておきたい。

「○○です。昨日はお忙しい中、時間をつくっていただきありがとうございました。今日は元気に登校できました。卒業したら報告に行くことを楽しみに頑張るそうです。いつも救っていただき本当に感謝しております。学生さんにも試験の最中にも関わらずありがとうございました。○○に生きる希望を与えてくださりありがとうございます。みなさまによろしくお伝えくださいませ」

助けを求めることができれば、そのための解決策も提案することができるのである。携帯電話やＩＴを使うことの弊害ばかりに目を向けてしまってはならない。これらを利用することによって、救われる子どもも少なからずいるということを知らなければならないのではないかと思うのである。

本書をまとめるにあたり、香川県私立認可保育園連盟の鎌田会長、発達障がい支援セミナーに参加されている保育士のみなさま、香川大学教育学部附属特別支援学校の佐藤校長、武田副校長はじめ、小学部の子どもたちと保護者、先生方にはデータの収集でご協力をいただきました。そして、私の研究室の高木さん、日笠さん、小島さん、堀田さん、田中さん、釜野さん、松本さん、門目さん、山本（健太）さん、山本（結）さん、西本さん、小池さん、二宮さん、平田さんには実証実験やデータ整理など様々な面で協力を得ました。

また、スタジオ・ときの菊池さん、そして何より、私たちのわがままを発刊に至るまで導いてくださった、学研の長谷川さんには大変お世話になりました。心より感謝申し上げます。

2009年 3月　坂井　聡

謝　辞

本研究は、2007年度大川情報通信基金「携帯電話を用いた音声認識障害者支援システムの提案」(07-38)の一部として行われました。謹んでお礼申しあげます。

参考文献

『AAC入門』
　中邑賢龍　心リソース出版会　2005

『自閉症や知的障害をもつ人とのコミュニケーションのための10のアイデア』
　坂井 聡　エンパワメント研究所　2002

『発達障害のある子とお母さん・先生のための思い切り支援ツール』
　武藏博文　高畑庄蔵　エンパワメント研究所　2006

『自閉症児のための絵で見る構造化』
　佐々木正美監修　学習研究社　2004

『自閉症児のための絵で見る構造化2』
　佐々木正美監修　学習研究社　2006

『発達障害の子どものユニークさを伸ばすテクノロジー』
　中邑賢龍　中央法規　2008

『「わかる」とはどういうことか』
　山鳥重　ちくま新書　2002

『ゲーム作りで学ぶｉアプリプログラミング』
　中島省吾　SCCライブラリーズ 2002

『Java for iアプリ プログラミング入門』
　さかき けい　ピアソンエデュケーション　2002

『iモードJavaプログラミング FOMA対応版』
　アスキー書籍編集部編　アスキー　2004

『Eclipseではじめる「iアプリ」開発―DoCoMoの「携帯アプリ」開発環境=「DoJa」を活用!』
　杉之原亮編集　工学社　2008

『iアプリゲーム開発テキストブック―903i/703i対応』
　布留川英一 毎日コミュニケーションズ　2007

『iアプリJavaプログラミング入門―携帯電話用ソフトの「開発ツール」から「プログラム作成」まで』
　広畑育生　工学社　2001

「箕面市障害者雇用支援センターでの実践から生み出された仮説(式)＜x・y・z≧k＞について」
　栗原 久　第8回職業リハビリテーション研究発表会資料　2001

「社会福祉基礎構造改革について」（社会福祉事業法等改正法案大綱骨子）
　厚生労働省

「自閉症教育の実践研究」
　夏号　明治図書　2007

「盲学校、聾学校及び養護学校学習指導要領解説」
　文部科学省

ケータイで障がいのある子と

ちょこっとコミュニケーション

解説編

ちょっコミモバイル

コミュニケーション記録シート

ちょっコミカード

タイムエイドモバイル（TAM）

お使いのパソコンの自動起動が有効な場合には、CD-ROMを入れると自動的にメニューソフトが起動します。自動的にソフトが起動しない場合には、「CD-ROMを開く」→「index.htmlをダブルクリック」の手順でメニューページが起動します。

ちょっコミモバイル

ここでは、CD-ROMに収録されている「ちょっコミモバイル」のGIF動画データを携帯電話がもっている画像表示機能を利用して、閲覧する方法を説明します。

対応機種

携帯電話会社	対応機種
ドコモ（FOMA）	703i／903i以降
au（CDMA 1X WIN）	W41シリーズ以降
ソフトバンク（3G）	3G対応機種

※これらに該当する機種でもGIF動画ファイルの読み込み、表示ができない場合がありますので注意してください。

※携帯電話は機種によりメニューの呼称が違いますので、以下では一例として説明します。ご使用の携帯電話の操作と若干異なる場合がありますので、その場合はお使いの携帯電話の取扱説明書をご覧ください。

用意するもの

①外部メモリー（SDカード、メモリースティックなど）

お使いの携帯電話に合った外部メモリーカードをご用意ください。カードは家電量販店などで販売されています。また動画は１枚あたり約20Kバイトの容量があります。収録されているすべての動画を保存する場合は5.7メガバイトの空き容量が必要になります。

以下外部メモリーはSDカードとして説明します。

※メモリーカードはお使いになる前にご自分の携帯電話に一度セットして認識させておいてください。

②USBケーブルまたはカードリーダー

携帯電話で動画を見るには、データを携帯電話に転送する必要があります。動画を転送するには携帯電話とパソコンをUSBケーブルで接続する方法と、カードリーダーを使って直接SDカードにデータを書き込む2つの方法がありますが、**カードリーダーを使う方法が接続・操作とも容易ですので、こちらの方法をおすすめします**。転送方法に合わせてUSBケーブルまたはカードリーダーをご用意ください。

なおUSBケーブルを用いる場合は、事前にUSBドライバをパソコンにインストールしておく必要があります（USBドライバは、携帯電話会社のサイトからもダウンロードできます）。

それでは携帯電話会社ごとに、データの転送・保存方法について説明します。

※パソコンはWindows OSを例にしています 。

ドコモ（FOMA）の場合

データの転送方法

【1】携帯電話とパソコンを接続する

①カードリーダーを使用する場合

パソコンのUSBポートにカードリーダーを差し込み、SDカードを挿入します。SDカードはパソコンにリムーバブルディスクとして認識されるので、「マイコンピュータ」の画面から「リムーバブルディスク」を選択し、SDカードの中のフォルダを表示させます。

②USBケーブルを使用する場合

SDカードを携帯電話にセットし、USBケーブルでパソコンと接続します(図 1-1)。

次に携帯電話のメニュー画面を開き、「設定」→「USBモード設定」→「メモリーモード」を選択します。操作後はパソコンの画面に「携帯電話とパソコンが接続されました」というメッセージが表示されます。

パソコンの画面上の「フォルダを開いてファイルを表示する」を選択し、SDカードの中のフォルダを表示させます。

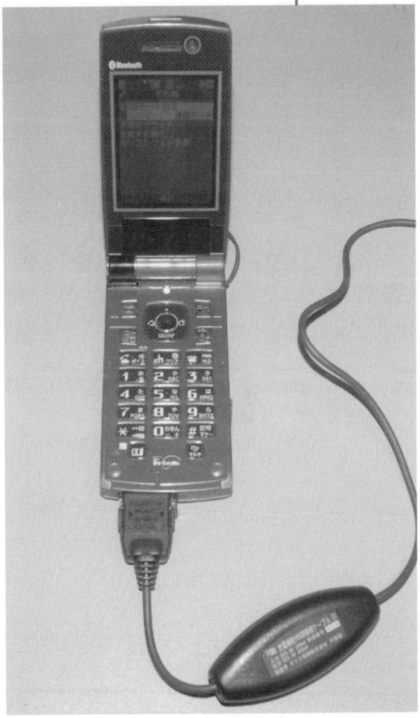

図1-1　USBケーブルでパソコンと接続する

【2】SDカードのフォルダを選んでデータをコピーする

パソコンの「マイコンピュータ」からCDドライブを選択し、右クリックで開きます(図 1-2)。

すべての動画をコピーする場合は、SDカードの中の「PRIVATE」フォルダにCD-ROM内の「DOCOMO」フォルダをフォルダごとコピーします。

動画を１枚ずつ選択してコピーする場合は、CD-ROMの「DOCOMO」→「STILL」→「SUD1**(カテゴリーごとのフォルダ)」の中から任意の画像を選んでください(図 1-3)。

次にSDカードを「PRIVATE」→「DOCOMO」→「STILL」の順に開いていきます。この「STILL」フォルダに選んだ画像をコピーします。これでコピーは完了です。

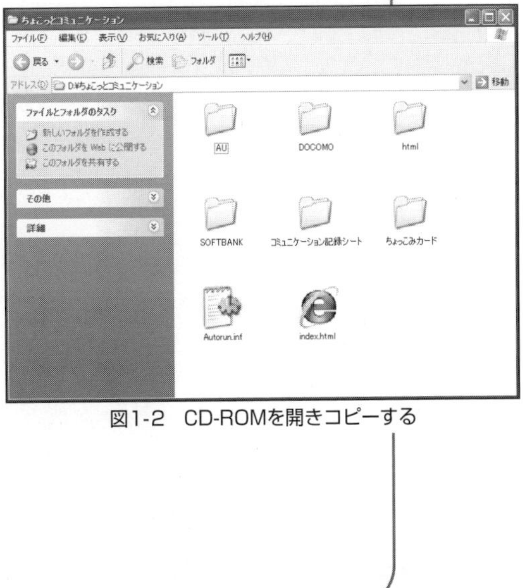

図1-2　CD-ROMを開きコピーする

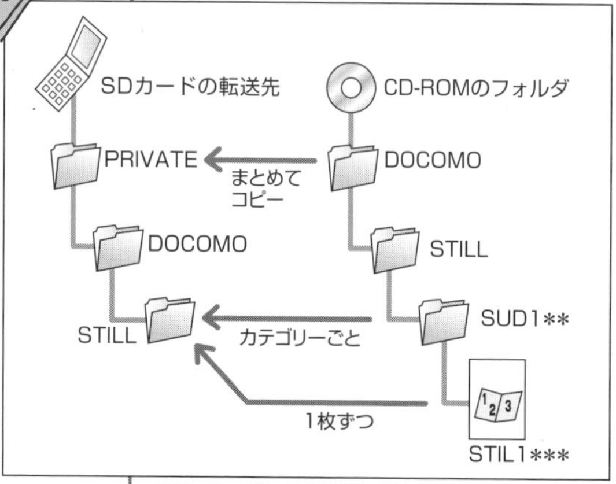

図1-3　データ転送先の概念図

画像のファイル番号と本書インデックスの番号は対応していますので、選ぶ際の参考にしてください。

※SDカード内の「PRIVATE」→「DOCOMO」→「STILL」以外のフォルダ、データをパソコンなどの外部機器で操作すると、携帯電話でのSDカードの使用に不具合が生じる可能性があります。ここで説明したフォルダ以外には転送しないでください。

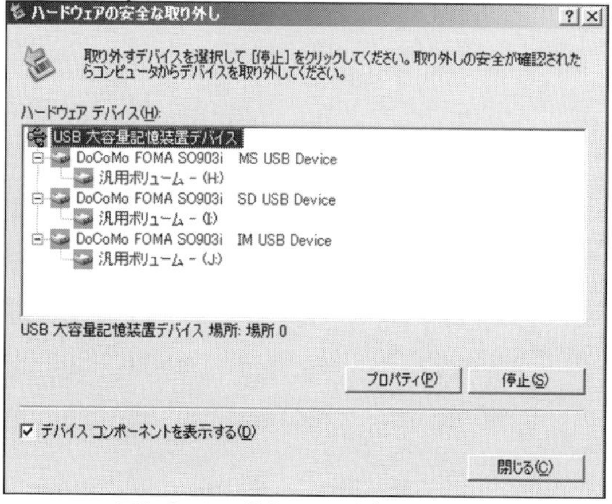

図1-4　ハードウェアの安全な取り外し

【3】携帯電話・カードリーダーとパソコンを切り離す

コピーが完了したら、パソコンで「ハードウェアの安全な取り外し」を実行し、携帯電話（またはカードリーダー）をパソコンから取り外します（図 1-4）。

USBケーブルで接続した場合は、携帯電話に「メモリーモードを終了しますか」の表示が出たら「はい」を選択して終了します。

コピーした動画の表示方法

携帯電話の画面にコピーした画像を表示させるには、メニュー画面から「データBOX」を選び、その中の「マイピクチャ」→「SDカード」を開きます。そうすると、コピーされた画像の一覧が表示されます。あとは、表示させたい画像を選択すれば、携帯電話の画面に動画が表示されます。

※NEC、パナソニック以外の携帯電話をお使いの場合は、必ず「管理情報更新」（例：「Life Kit」→「microSD管理」→「管理情報更新」）を実行してください。「管理情報更新」の仕方はお使いの携帯電話によって異なります。わからない場合は、携帯電話の説明書をご覧ください。

※NEC、パナソニックなどの機種をお使いの場合は、「マイピクチャ」→「microSD」→「イメージボックス」で表示させたい画像を選択します。

※すべてコピーした場合は、「SUD1**」（番号は各カテゴリーと対応しています）というフォルダの中に画像がありますので、一覧から選択して表示してください。

※コピーした画像は、「STIL1***」という番号名で表示されますが、「算数・数学」のように自分のわかりやすい名前に変更できる機種もあります。携帯電話で変えたいデータを選択して「機能」ボタンを押し、「タイトル編集」を行ってください。「SUD101」のようなフォルダ名も変更できます。ただし、ファイル名変更は、必ずコピー後に携帯電話で行ってください。パソコンで変更してしまうと転送後に携帯電話がファイルを認識しません。

au（CDMA 1X WIN）の場合

データの転送方法

【1】携帯電話とパソコンを接続する

接続する前に携帯電話の「ツール」→「microSD」で「PCフォルダ」を選択し、なければ作成しておきます。

①カードリーダーを使用する場合

パソコンのUSBポートにカードリーダーを差し込み、SDカードを挿入します。SDカードはパソコンにリムーバブルディスクとして認識されるので、「マイコンピュータ」の画面から「リムーバブルディスク」を選択し、SDカードの中のフォルダを表示させます。

②USBケーブルを使用する場合

SDカードを携帯電話にセットし、USBケーブルでパソコンと接続します。

次に携帯電話のメニュー画面を開き、「設定」→「USBモード設定」→「メモリーモード」を選択します。操作後はパソコンの画面に「携帯電話とパソコンが接続されました」というメッセージが表示されます。

パソコンの画面上の「フォルダを開いてファイルを表示する」を選択し、SDカードの中のフォルダを表示させます。

【2】SDカードのフォルダを選んでデータをコピーする

SDカードの中のフォルダを「PRIVATE」→「AU_INOUT」と開いていきます。この「AU_INOUT」フォルダが動画の転送先になります。

次に、パソコンの「マイコンピュータ」からCDドライブを選択し、右クリックで開きます。「AU」フォルダを選択し、「AU_INOUT」フォルダを開きます(図 1-5)。その中から、携帯電話の画面に表示させたいファイルを選択して、SDカードの「AU_INOUT」にコピーします。これで転送が完了です。

画像のファイル番号と本書インデックスの番号は対応していますので、選ぶ際の参考にしてください。

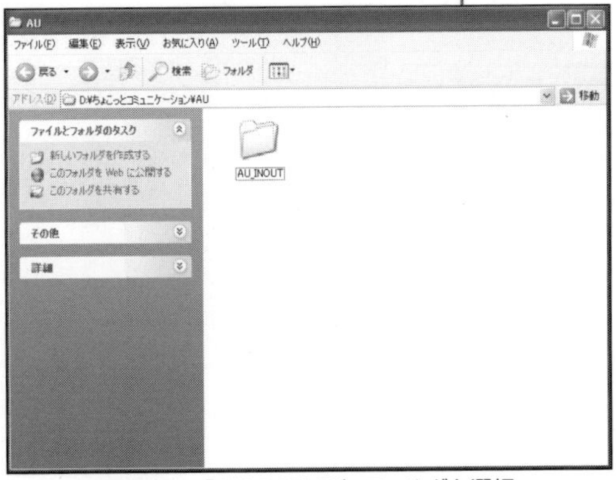

図1-5　「AU_INOUT」フォルダを選択

※SDカード内の「PRIVATE」→「AU_INOUT」以外のフォルダ、データをパソコンなどの外部機器で操作すると、携帯電話でのSDカードの使用に不具合が生じる可能性があります。「AU_INOUT」フォルダ以外には転送しないでください。

【3】携帯電話・カードリーダーとパソコンを切り離す

コピーが完了したら、パソコンで「ハードウェアの安全な取り外し」を実行し、携帯電話（またはカードリーダー）をパソコンから取り外します。

USBケーブルで接続した場合は、携帯電話に「メモリーモードを終了しますか」の表示が出たら「はい」を選択して終了します。

コピーした動画の表示方法

【1】携帯電話で動画を再生するために

転送したファイルを携帯電話で閲覧するには、データの変換をしなければなりません。まず、「ツール」から画像データを転送した外部メモリー（microSDまたはminiSD）を開き、「PCフォルダ」を選択します。このフォルダにパソコンから転送したファイルが保存されています。

次に、これらのファイルを携帯電話で閲覧可能なフォルダに転送します。携帯電話の画面の右下のサブメニューから「microSD内移動」（機種によっては「自動振り分け」）を選択し、「フォルダ内全件移動」（または「全件移動」）を選択、実行します。これで画像の準備が整ったことになります。

【2】コピーした画像の確認

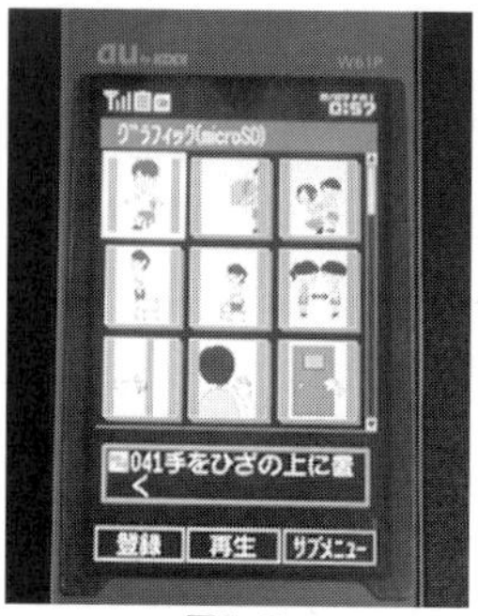

図1-6

それでは、画像の確認を行ってみましょう。外部メモリー（SDカード）を開きます。そして、「micro（またはmini）SDデータフォルダ」を選択します。この画面の中の「グラフィック」を選択すると、先ほど転送したデータが表示されます（図1-6）。表示したい画像を選択すれば、動画が表示されます。

ソフトバンク（3G）の場合

データの転送方法

【1】携帯電話とパソコンを接続する

①カードリーダーを使用する場合

パソコンのUSBポートにカードリーダーを差し込み、SDカードを挿入します。SDカードはパソコンにリムーバブルディスクとして認識されるので、「マイコンピュータ」の画面から「リムーバブルディスク」を選択し、SDカードの中のフォルダを表示させせます。

②USBケーブルを使用する場合

「カードリーダーモード」がついている機種は、USBドライバのインストールは不要です。

「カードリーダーモード」がついている機種では、メニューから「設定」→「カードリーダーモード」を選択します。「カードリーダーモード」がついていない機種は、USBドライバをパソコンにインストールし、携帯電話の「USB接続モード」を選択してください。

続いて、USBケーブルを用いて、携帯電話とパソコンを接続します。携帯電話が外部メモリーとして認識され、自動的に新しい画面が出てきます。この画面から、「フォルダを開いてファイルを表示する」を選択します。「PRIVATE」→「MYFOLDER」→「My Items」→「Pictures」のフォルダを開きます。この「Pictures」のフォルダが画像を転送するフォルダになります。

※「カードリーダーモード」はパナソニック、東芝製の一部の機種をのぞき、標準装備されています。くわしくは携帯電話の説明書をご覧ください。

【2】SDカードのフォルダを選んでデータをコピーする

SDカードのフォルダを、「PRIVATE」→「MYFOLDER」→「My Items」→「Pictures」の順番で開いていきます。この「pictures」フォルダが動画の転送先になります。

次に、パソコンの「マイコンピュータ」からCDドライブを選択し、右クリックで開きます。「SOFTBANK」フォルダを選択し、「pictures」フォルダを開きます（図1-7）。その中から、携帯電話の画面に表示させたいファイルを選択して、SDカードの「pictures」にコピーします。これで転送が完了です。

画像のファイル番号と本書インデックスの番号は対応していますので、選ぶ際の参考にしてください。

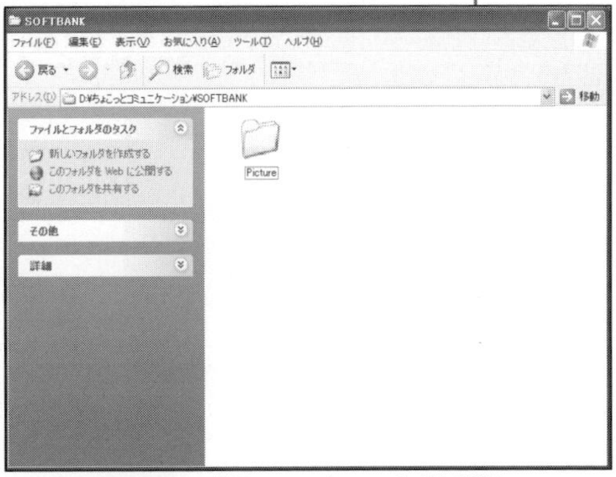

図1-7　「Pictures」フォルダを選択

※SDカード内の「PRIVATE」→「MYFOLDER」→「My Items」→「Pictures」以外のフォルダ、データをパソコンなどの外部機器で操作すると、携帯電話でのSDカードの使用に不具合が生じる可能性があります。「Pictures」フォルダ以外には転送しないでください。

ちょっコミモバイル

【3】携帯電話・カードリーダーとパソコンを切り離す

コピーが完了したら、パソコンで「ハードウェアの安全な取り外し」を実行し、携帯電話（またはカードリーダー）をパソコンから取り外します。

USBケーブルで接続した場合は、携帯電話に「メモリーモードを終了しますか」の表示が出たら「はい」を選択して終了します。

コピーした動画の表示方法

それでは、画像の確認を行ってみましょう。「データフォルダ」の中から「ピクチャー」を選択し、メモリーカードへ切り替えると、先ほど転送したデータが表示されます。ここで自分が表示したい画像を選択すると、動画が閲覧できます。

ちょっコミカード（静止画印刷）

このプログラムでは、CD-ROMの中に収められている画像を選択して印刷することができます。印刷時の画像の大きさやそれぞれの画像につけられている名前は自由に編集することができますので、絵カードの作成などにご利用いただけます。

また使用頻度の高い画像を選んで、自分専用のフォルダに集めておくことも可能です。たとえば「サトシ君用」など、オリジナルのフォルダを事前に作っておくと、繰り返し印刷するときに便利です。

対応機種

Excel（エクセル）2000～2007がインストールされている
Windows2000、XP、Vista

ご使用にあたって

【1】このプログラムは、「画像表示.xls」（プログラム本体）と「静止画」フォルダの2つから構成されています。プログラム本体と「静止画」のフォルダは連動していますので、この2つが同じフォルダ（CD-ROMでは「ちょっこみカード」というフォルダに両方とも収められています）にないと、プログラムが正常に動作しません。必ず同じフォルダの中に入れておいてください。

【2】このプログラムはExcelのマクロ機能を使用しています。実行時にはマクロが実行できるようにExcelのオプションを変更してください（マクロを機能させるための操作については、95ページを参照してください）。

「画像表示.xls」をクリックした時、「マクロを有効にする」か「マクロを無効」にするか聞いてきた場合は、「マクロを有効にする」をクリックしてください（図2-1）。

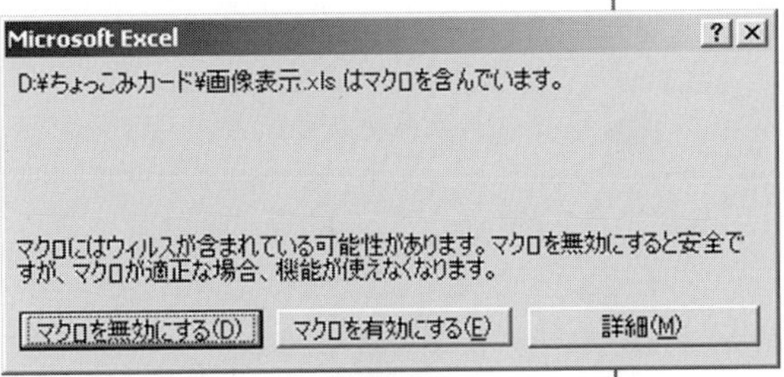

図2-1

【3】CD-ROMからユーザーのパソコン内の任意の場所にコピーしてもプログラムを実行することができます。新しく作った自分用フォルダや、選択したカードを保存しておきたい場合は、CD-ROMを開き「ちょっコミカード」フォルダごと、パソコンのデスクトップにコピーしてご利用ください。

その場合、コピーした「ちょっコミカード」のフォルダを右クリックし、プロパティの「読み取り専用」のチェックをはずしてください(図2-2)。「OK」をクリックすると、「属性変更の確認」画面が開きます。ここで「このフォルダ、およびサブフォルダとファイルに変更を適用する」にチェック後「OK」をクリックするとフォルダの追加や上書き保存ができるようになります。

図2-2

※本プログラムはお使いのパソコンのできるだけデスクトップ上に保存して実行してください。フォルダを置く階層が深い場合、プログラムまでのパスの文字数制限でエラーが発生する場合があります。パスの文字数がファイル名も含めて80字（全角換算）以内に収まる場所ならば実行可能です。

画像の選択・印刷方法

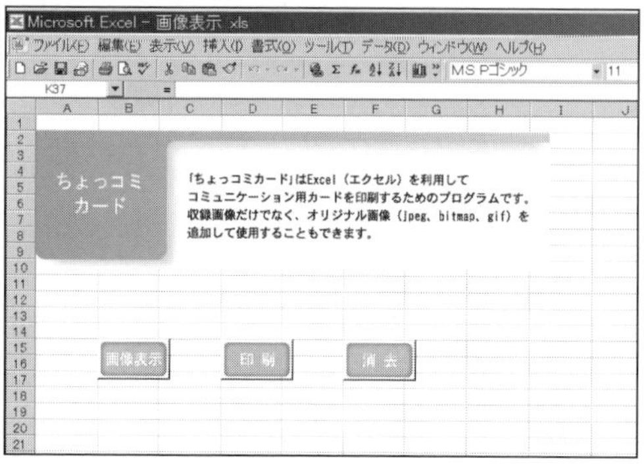

図2-3　操作シート画面

【1】「画像表示.xls」をクリックすると、図2-3のような画面が表示されます。この画面を以下「操作シート」と呼びます。

【2】初期状態ではすでに収録画像が読み込まれています。パソコン画面の一番下に表示されているシートメニューから印刷したいカードのカテゴリーを選択すればカードが表示されます(図2-4)。

オリジナル画像を追加した場合は、操作シートの「消去」をクリック後、「画像表示」を選択すると追加した画像も自動的に表示されます。

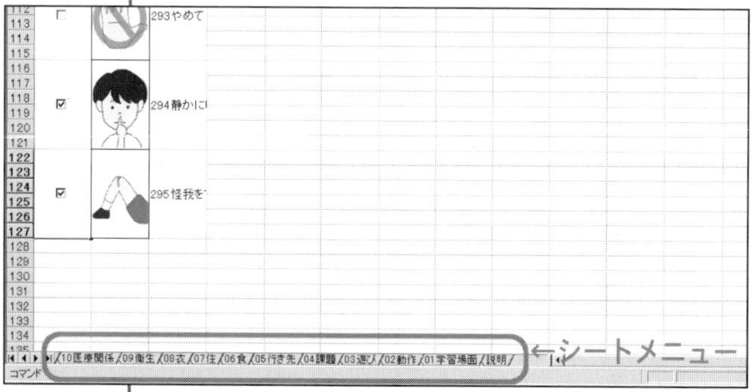

図2-4

※パソコンの機種によっては、「画像表示」ボタンを押してすべての画像を表示するまでに時間がかかる場合があります。

※印刷シートに残っている、前回使用したカードの記録を消したい場合には、「操作シート」の「消去」ボタンを押してください。

【3】表示されている画像から印刷したいものを選びます。画像の左にあるチェック欄をクリックすると印刷したい画像を選択できます。チェックが終わったらシートメニューの「操作」タグから操作シートにもどります。

【4】次に、操作シートの「印刷」ボタンをクリックします。画面に先ほど選択した画像とカード名が表示され、印刷のイメージが表示されます。以下この画面を「印刷シート」と呼びます。

※画像選択後、下部シートメニューの「印刷」から印刷シートを選択すると、前回選択した画像が表示されています。新たなカードを選択した場合は、必ず操作シートに戻ってから「印刷」をクリックしてください。

【5】画像の大きさ、名前、位置の調整をする必要がある場合には、デザインモードを起動させます（デザインモードは、Excelのバージョンによって表示のさせかたが違います。くわしくは96ページ「デザインモードの起動」を参照してください）。デザインモードを選択すると、表示されている画像の編集ができるようになります。

変更しない場合は【6】へ進んでください。

図2-5

大きさの変更：

編集したい画像をクリックして選びます。画像の四隅に白い小さな四角が表示されるので、その円の上にカーソルを移動させると、カーソルの形が矢印に変わります(図 2-5)。その状態でクリックしながら矢印の方向にカーソルを移動させると、画像の大きさを変更することができます。

また、画像の場所を移動させる際には、移動させる画像のうえでクリックしたままの状態でマウスを動かしてください。

カード名の変更：

カードについている名前の編集も、「デザインモード」で行います。画像についている名前（ラベル）の上でマウスを右クリックし、「ラベルオブジェクト」→「編集選択」を選べば、名前を自由に書き換えることができます。

大きさや名前の編集が完了したら、デザインモードのアイコンをクリックしデザインモードを解除します。

【6】あとはExcelの「ファイル」から「印刷」を実行すれば、印刷シートに表示されている画像が印刷されます。

初期設定ではA4紙に4枚のカードが印刷されるようになっています(図2-6)。「印刷プレビュー」で仕上がりを確認することもできます。

図2-6

オリジナル画像を追加する場合

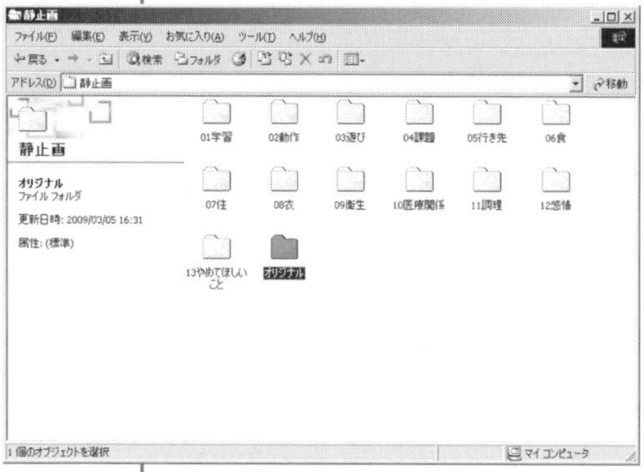

図2-7

【1】「静止画」フォルダ内には複数のフォルダ（サブディレクトリ）があります。これらのフォルダは、ユーザーのパソコンにコピーした後は、自由に変更、追加、修正が可能です。自作の画像などもフォルダを作って追加して使用することができます。

ただし、サブディレクトリの中にさらにフォルダを作ってしまうと、プログラムが動かなくなります。サブディレクトリの中にはフォルダを作らないでください。フォルダを追加する場合は、「静止画」フォルダ直下に作成します（図 2-7）。追加したフォルダも「画像表示」ボタンをクリックすると自動的に認識され、シートメニューに表示されます。

※「静止画」フォルダ内に空のフォルダを作らないようにしてください。中になにもないフォルダがあると、プログラムエラーになってしまいます。

※オリジナル画像を追加する場合は、収録画像と同様な縦長の画像をご用意ください。画像サイズは200Kb以下にしてください。サイズが大きすぎると、プログラムが正常に動かない場合があります。サイズの目安は横240ピクセル×縦320ピクセルで作成してください。「jpg」、「bmp」、「gif」の各ファイル形式に対応しています。

マクロの有効化について

「ちょっコミカード」のプログラムと「コミュニケーション記録シート」は、Excelのマクロ機能を利用しています。マクロは繰り返して行う表示、計算や処理を自動的に実行してくれる機能です。したがってマクロを有効にしていないとどちらのプログラムも作動しません。

Excel 2000、2003、2007の各バージョンごとに、マクロの設定を有効にする方法を説明します。

1）Excel 2000

①プログラムの実行時に図のような警告が出る場合があります。この時は「マクロを有効にする」を選択してください。

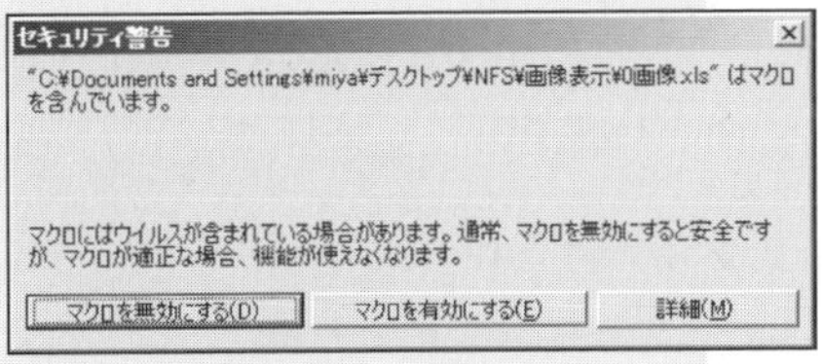

2）Excel 2003

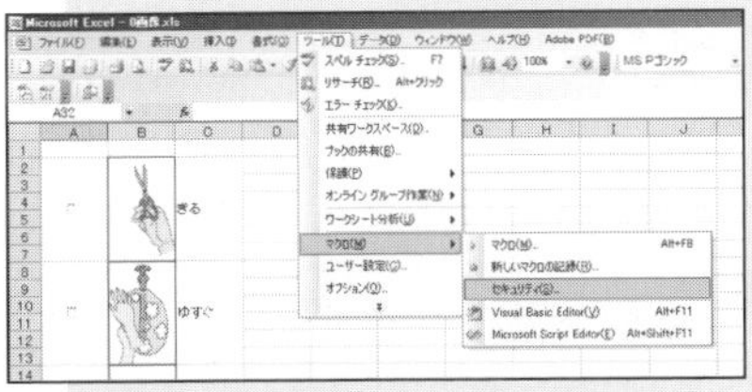

①マクロが有効化されていない場合には警告が出ますので、左図のように「ツール」→「マクロ」→「セキュリティ」の順でタブを選択していきます。

②そうすると右図のようなウインドウが開きますので、「セキュリティレベル」を「中」にします。

③プログラムを一度終了します。その後、再度開くとセキュリティの警告が表示されます。ここで「マクロを有効にする」を選択してください。

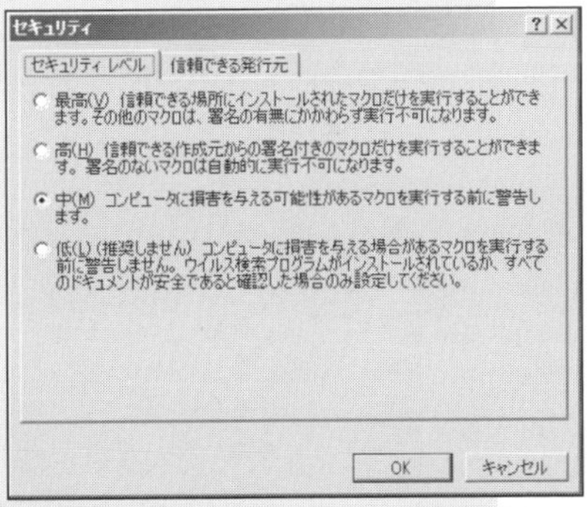

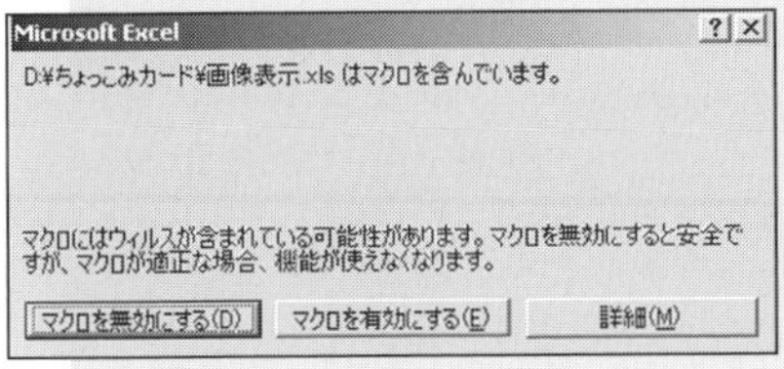

3）Excel 2007

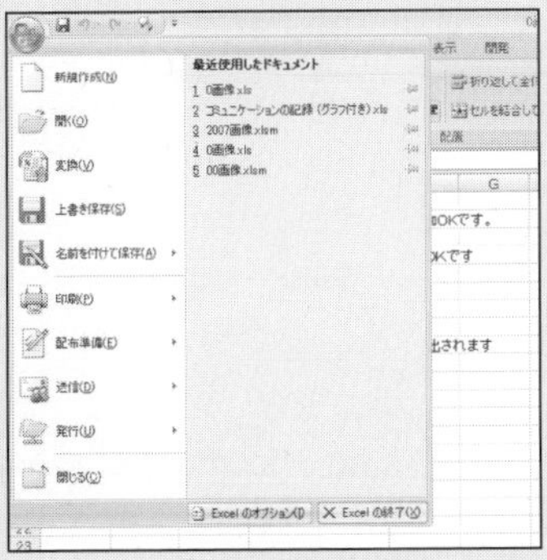

①Officeボタンから「Excelのオプション」を選択します（左図）。

②そうすると右図のような表示がでるので、「セキュリティーセンター」から「セキュリティセンターの設定」を選択します。

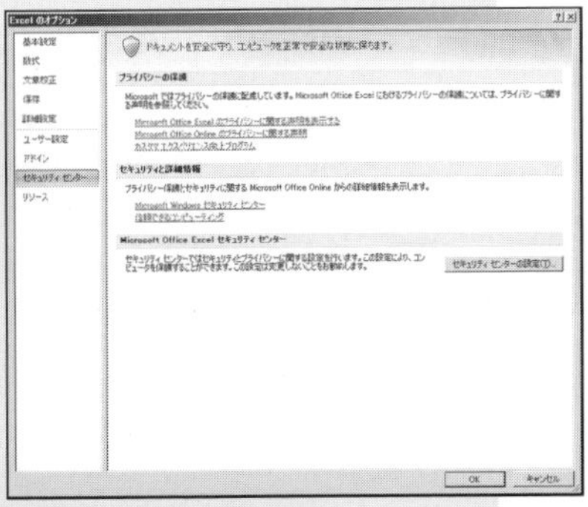

③その後、右の図のようにマクロの設定を「すべてのマクロを有効にする」にします。

④一度ファイルを閉じ、再度開きます。これでマクロが実行可能になります。

デザインモードの起動

ちょっこみカードのプログラムでは、印刷シートに表示された画像の大きさや名前を自由に編集できます。その場合は、デザインモードが利用可能になっている必要があります。ここではExcelの2000、2003、2007の各種の設定を説明します。

1）Excel 2000、Excel 2003

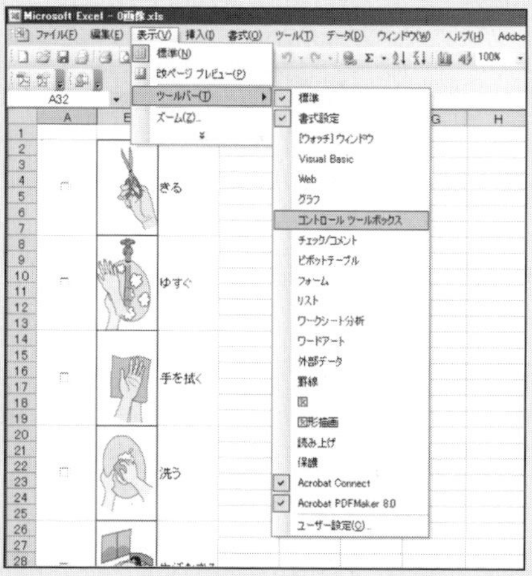

①「表示」→「ツールバー」→「コントロール・ツールボックス」を選択します。

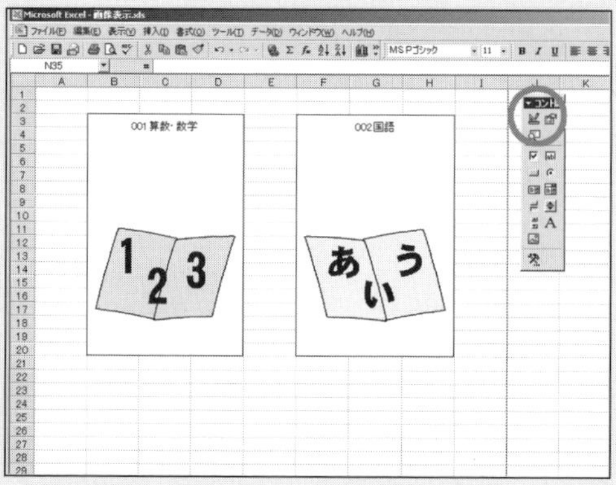

②図の丸印に示すようにデザインモードが表示されます。画像のサイズ等を変更する場合は、このモードを選択し、編集がすんだらアイコンをもう一度クリックしてデザインモードを終了します。

2）Excel 2007

①図に示すように、Officeボタンから「Excelのオプション」を選択します。

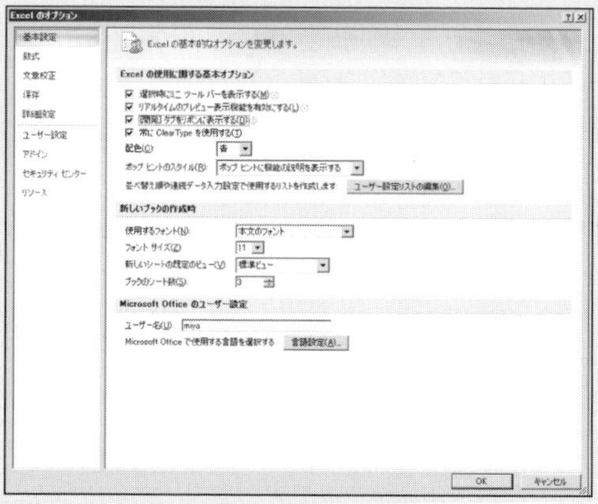

②「基本設定」から「［開発］タブをリボンに表示する」を選択します。

③「開発」タブが表示されるようになり、図のように画面上に「デザインモード」が表示されます。画像のサイズ等を変更する場合は、このモードを選択し、編集がすんだらアイコンをもう一度クリックしてデザインモードを終了します。

コミュニケーション記録シート

ここでは、コミュニケーション記録の分析プログラム「コミュニケーション記録シート」の記入の仕方について説明します。この記録シートを使って、コミュニケーションの傾向などを分析しましょう。

動作環境

Excel（エクセル）2000〜2007がインストールされている

Windows2000、XP、Vista

※Macintoshでは、Office 2004 for Macのみ使用できる場合があります。

※CD-ROM内の「コミュニケーション記録シート」は、読み込み専用となっています。使用する場合は、「プログラムを開く」から「コミュニケーション記録シート」を開き、「ファイル」→「名前を付けて保存」でパソコンの任意の場所にコピーしてからご使用ください。

　また、本プログラムはマクロ機能を使用しています。マクロを有効化して使用してください。「マクロの有効化」については、95ページをお読みください。

記入の仕方

【1】記録シートの「子どもの名前」と書かれている横のセル（図3-1-①）に名前を、記録日と書かれている横のセル（図3-1-②）に記録した日を入力します。

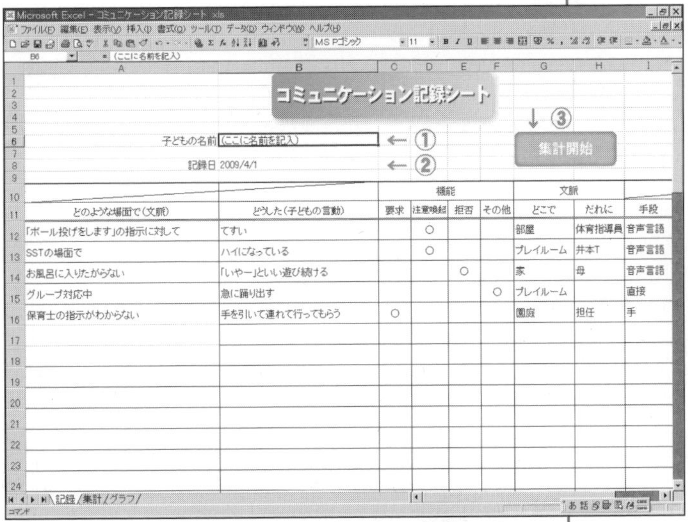

		機能				文脈		
どのような場面で（文脈）	どうした（子どもの言動）	要求	注意喚起	拒否	その他	どこで	だれに	手段
「ボール投げをします」の指示に対して	てすい		○			部屋	体育指導員	音声言語
SSTの場面で	ハイになっている		○			プレイルーム	井本T	音声言語
お風呂に入りたがらない	「いやー」といい遊び続ける			○		家	母	音声言語
グループ対応中	急に踊り出す				○	プレイルーム		直接
保育士の指示がわからない	手を引いて連れて行ってもらう	○				園庭	担任	手

図 3-1　コミュニケーション記録シート

【2】次に、記録用紙に入力をしていきます。初期状態では記入例として5つの例を表示しています。記入例を削除してからご使用ください。

記録の仕方は第2章58ページを参考にしてください。

記録が終了したら、シートの右上にある集計開始ボタンをクリックします（図3-1-③）。集計ボタンをクリックすると、グラフのシートに集計結果が表示されます。

【3】グラフのシートに移動するためには、Excelの画面左下にあるシートメニューの「グラフ」をクリックします（図3-2、3-3）。

記録シートを修正した場合は、再度集計開始ボタンを押してください。修正内容が反映されたグラフに書き換えられます。

グラフの色などは、自由に変えられますので、好みで見やすいものにしてください。

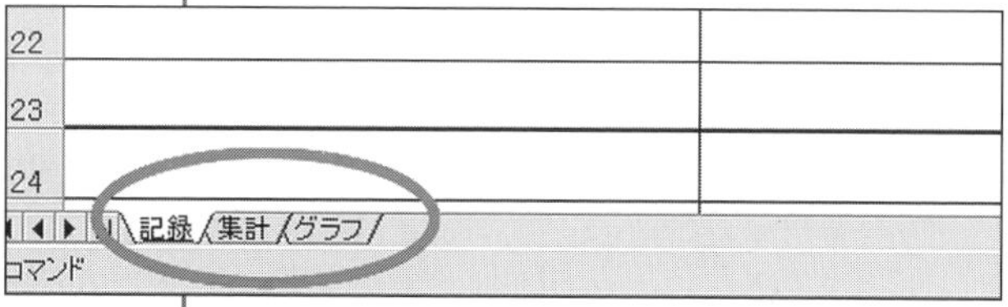

図3-2　グラフのシートへ移動する

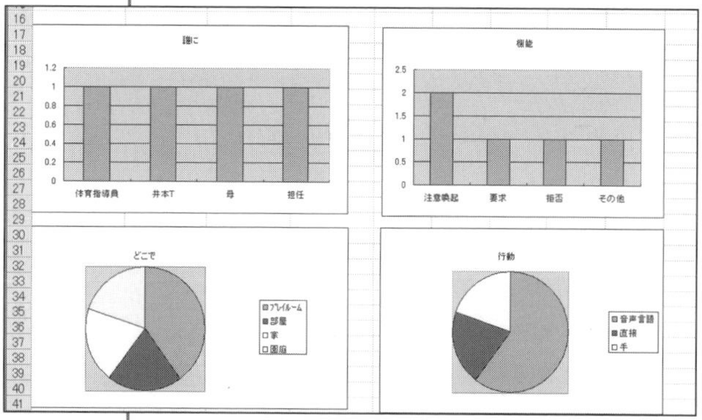

図3-3　グラフのシートの表示例

タイムエイドモバイル（TAM）

このアプリ（プログラム）は、あらかじめタイマーに設定した時間の経過を、携帯電話の画面に視覚的に表示させる、iアプリと呼ばれるものです。このCD-ROMにはNTTドコモとウィルコムの携帯電話に対応したアプリのダウンロード用QRコードを収録しています。

対応機種

ドコモ　FOMA 703i／903iシリーズ以降

ウィルコム　Advanced／W-ZERO3 [es]（windows mobile搭載機種）

※以下の説明はお使いの携帯電話の機種・製造会社によって若干の相違が生じる場合があります。
その場合は、それぞれの携帯電話のマニュアルなどで内容をご確認ください。

ダウンロード

【1】アプリは、ATサポート研究会が管理しているサーバーからダウンロードします。CD-ROMの中のQRコードを使えば簡単にアクセスできます。QRコードは、お使いの携帯電話の「バーコードリーダー」から読み込んでください。

QRコードが使えない場合は、CD-ROMの中のURLを携帯電話に直接入力してアクセスしてください。

※アクセス、ダウンロードには約85円のパケット通信料がかかります。

【2】携帯電話から指定されたURLにアクセスすると、画面に「タイムエイドモバイル」のアイコンが表示されますので、それを選択してダウンロードしてください。

【3】ダウンロードが終了すると、保存先を確認するページが表示されますので、そのまま「選択」を押します。保存が完了すると「ダウンロードしたソフトを今すぐ実行しますか」と確認の画面が出ます。「はい」を選択すると、タイムエイドモバイル（以下TAM）がそのまま実行されます。

後で実行する場合は、「いいえ」を選択してください。あらためてアプリを呼び出すには携帯電話のメニューページから「iアプリ」の画面を開き、「ソフト一覧」から「Time_Aid_Mobile」を選択します。

ドコモ用アプリの使い方

アプリを実行すると、図4-1の画面が表示されます。この画面で、時間の長さ、タイマー表示の刻み時間、表示色、音声の有無など各種設定を行います。

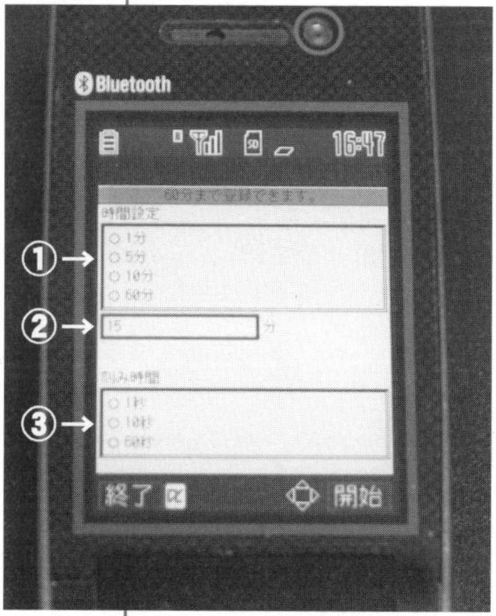

図4-1

【1】時間の設定

まずタイマーの時間の設定を行います。TAMでは、最長60分までの時間をセットすることができます。図4-1-①の1、5、10、60分を選択すれば、その時間でタイマーがセットされます。

また、1分～60分までの任意の時間を設定することもできます。図4-1-②の部分を選択して、入力画面を呼び出し、設定時間を半角数字で入力します（全角だとエラー表示がでます）。「確定」を押せば時間の設定は完了です。

【2】刻み時間の設定

使用する状況に応じて1、10、60秒の中から適当な刻み時間を設定してください（図4-1-③）。

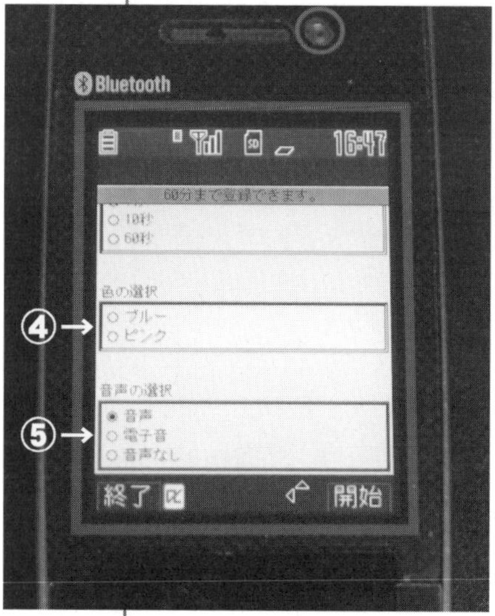

図4-2

【3】画面の表示色の設定

このアプリでは、タイマーの色をブルーとピンクの2色から選択できます。使用する人の好みで選んでください（図4-2-④）。

【4】音声提示の設定

音声提示は、設定時間の1／4、1／2、3／4の経過と、終了を音声で知らせてくれるものです。音声はあらかじめ登録してある「音声」、「電子音」から選択します。音声提示をしない場合は「音声なし」を選択してください（図4-2-⑤）。

なお携帯電話の機種によっては音声提示ができないものがあります。

【5】アプリの開始

上記の各設定が完了後に、「開始」を押せば、TAMが実行されます(図4-3)。

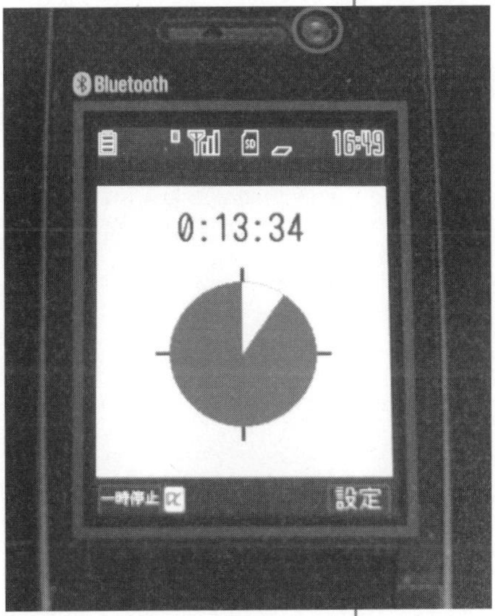

図4-3

【6】実行中の一時停止

TAMの実行中は誤操作を防止するため、画面上の「一時停止」、「設定」を単独で押しても動作しないようになっています。実行中に「一時停止」、「設定」をする場合は、「#」を押しながら「一時停止」、「設定」のキーを押してください（終了後は、画面上のキー単独で操作することができます)。

またTAMの実行中に電話がかかってきたりメールが届いた場合、プログラムは一時停止します。通話が完了したらTAMの画面が表示され、自動的にプログラムが継続再開されます。

【7】アプリの終了

本アプリを終了する場合は、設定画面に戻り、画面上の「終了」キーを押すと終了します。アプリを再度実行したい場合は、ダウンロードの【3】で説明した手順で、アプリを呼び出してください。

ウィルコム用アプリの使い方

ダウンロード方法、基本的な設定方法はドコモ用と同じです。

※電話がかかってきたりメールが届いてプログラムが一時停止した場合、ウィルコムの携帯電話では自動復帰しません。通話終了後にTAMの画面が表示されますので、「＊」のボタンを押して、プログラムを手動で再開させてください。

※ウィルコムの携帯電話でTAMを動かすためには、「NET Compact Framework」をあらかじめインストールしておく必要があります。ソフトのダウンロード方法については、次ページを参照してください。

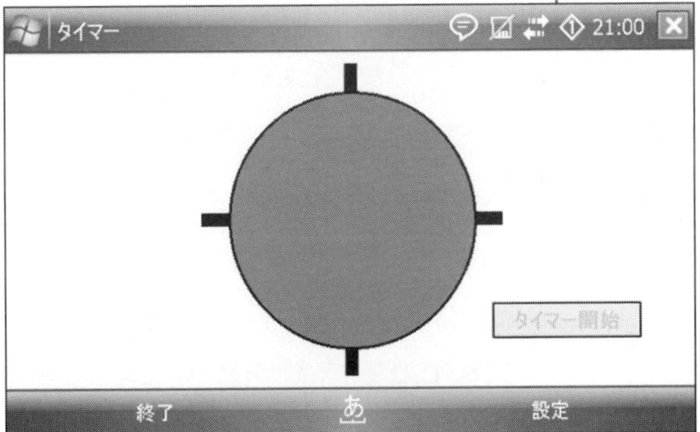

図4-4　ウィルコムの時間表示画面

■ウィルコム版TAM

NET Compact Frameworkのインストールについて

実行時に「NET Compact Framework」が必要になります。お使いの機器にインストールされていない方は、下記の手順であらかじめインストールしておいてください。

【1】転送用ファイルのインストール

ここでは、パソコンからWindows Mobile機に必要なソフトを転送するために、転送用ソフトをあらかじめパソコンにインストールしておく必要があります。転送用ソフトはお使いのOSによって異なりますので、間違わないようにしてください。

- **XPの場合（ActiveSync 4.5 - 日本語）**

マイクロソフトのホームページから、ActiveSync 4.5 - 日本語をダウンロードし、パソコンにインストールしておきます。

- **Vista（32-bit）の場合
（Microsoft Windows Mobile Device Center 6 for Windows Vista（32-bit）- 日本語）**

マイクロソフトのホームページから、Mobile Device Centerをダウンロードし、パソコンにインストールしておきます。

【2】NET Compact Frameworkのダウンロード

マイクロソフトのホームページから.NET Compact Framework 3.5再領布可能パッケージ（33.3MB）をダウンロードし、パソコンにインストールしておきます。

【3】NET Compact Frameworkのインストール

最初に、お使いのWindows Mobile機とパソコンを接続しておいてください。その後、ダウンロードしたインストーラ（NETCFSetupv35.msi）をパソコンにインストールします。この時、画面の指示に従って操作を行ってください。この操作でWindows Mobile機にNET Compact Frameworkがインストールされます。

NET Compact Frameworkのインストール（XP版）に関しては、103ページを参照してください。

【4】これでTAMが使用可能になります。

NETCFSetupv35.msi　インストール詳細

1）NETCFSetupv35.msi　の実行

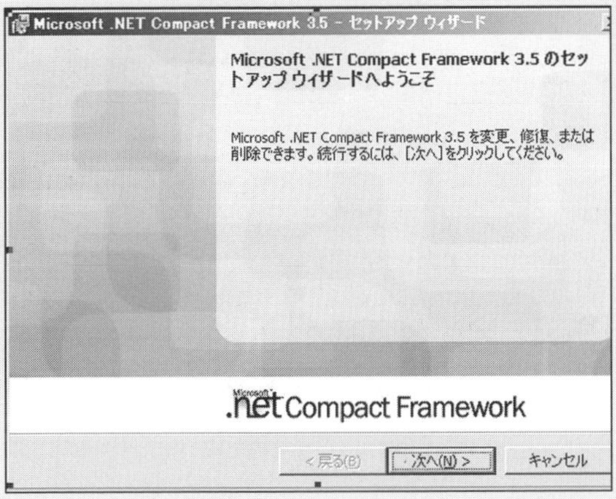

2）「同意する」選択

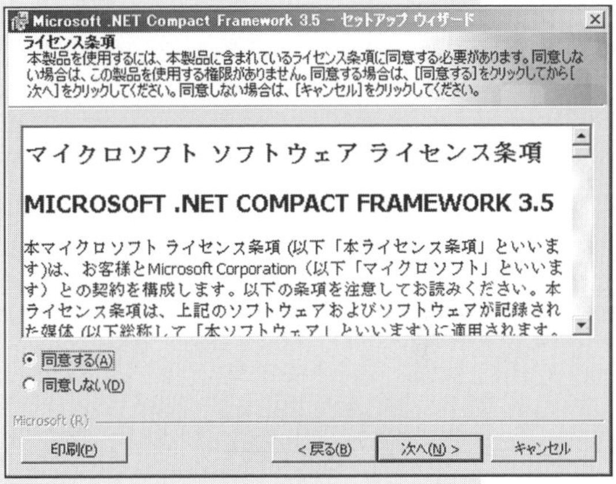

3）「完全」選択

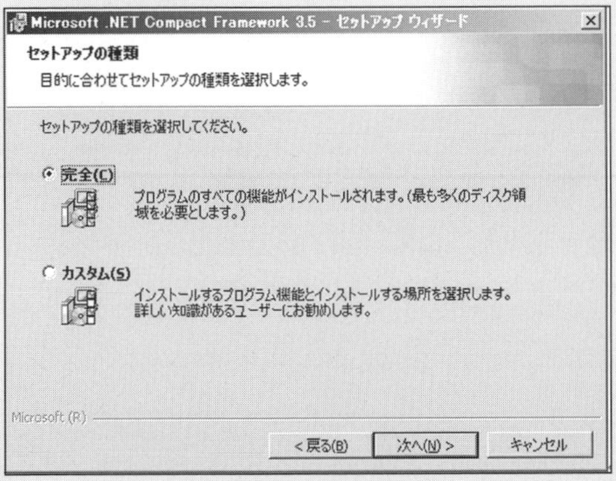

4）「インストール」選択

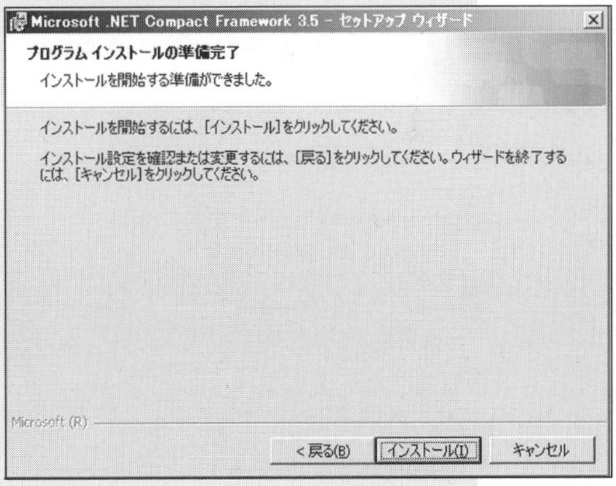

5）インストール開始

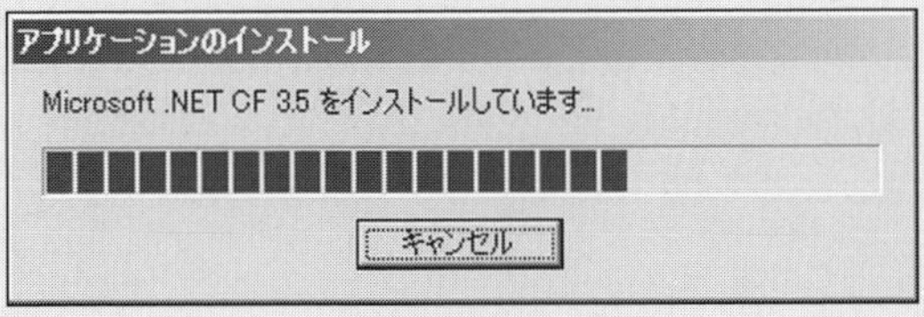

6）インストール完了

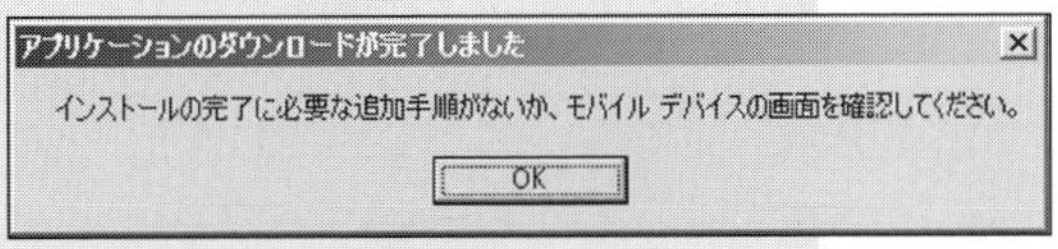

7）Windows Mobile
インストール場所「デバイス」選択

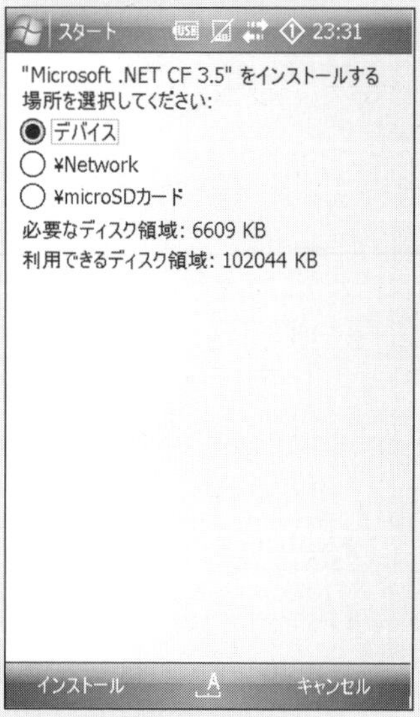

8）Windows Mobile
インストール中

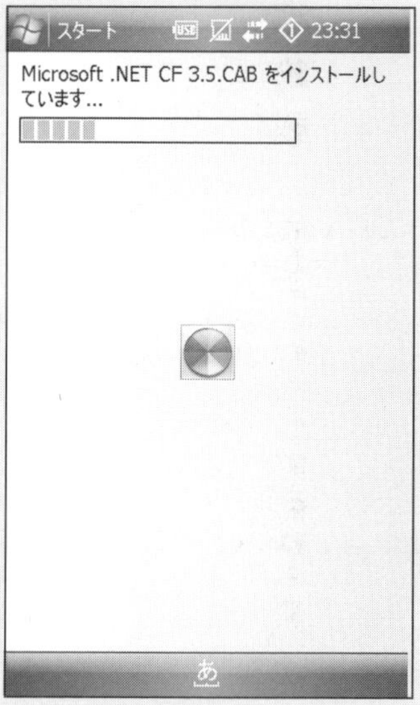

9）Windows Mobile
インストール完了

10）「完了」を押して、セットアップ終了

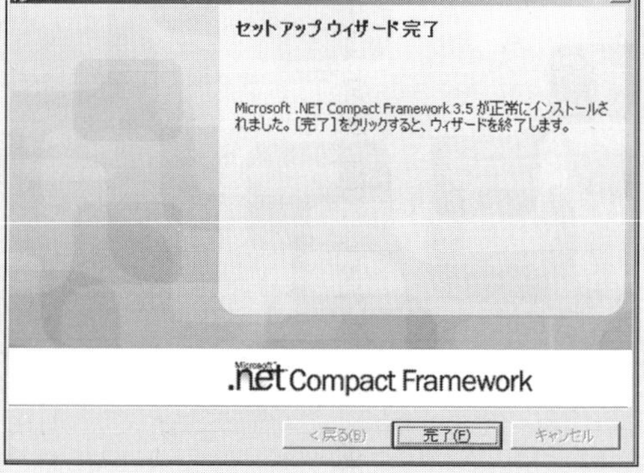

ちょっコミ モバイル インデックス

ちょっコミ カード インデックス

CD-ROMに収録されている画像データの一覧です。

それぞれのイラストの番号は、CD-ROMの「ちょっコミモバイル」のファイルナンバーと対応しています。ドコモのフォルダ内では携帯電話にデータを認識させるため、カテゴリーは「SUD1**」、各ファイルは「STIL1***」と表記されていますので、絵柄とファイルを対応させる際には、このインデックスを参考にしてください。

また「ちょっコミカード」も、このインデックスと同じ順番で収録されています。カードの画像を選ぶ際にもご活用ください。

学　習 (SUD101)

001
算数・数学

002
国語

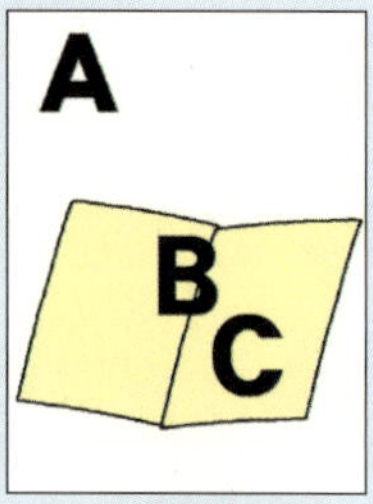

003
英語

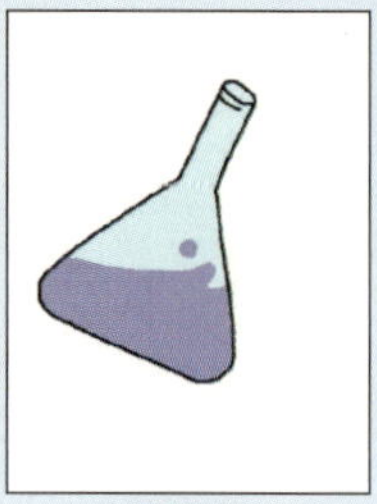
004
理科

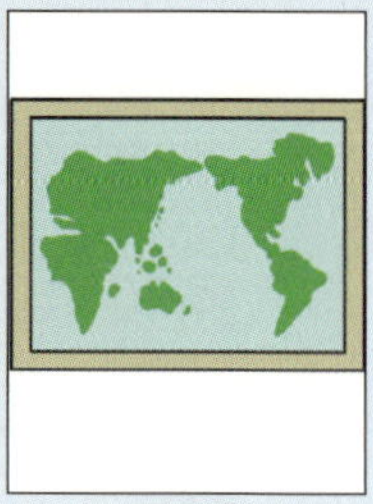
005
社会

006
音楽

007
体育

008
作業

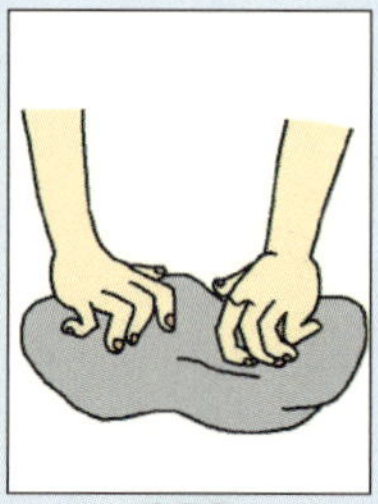
009
図工

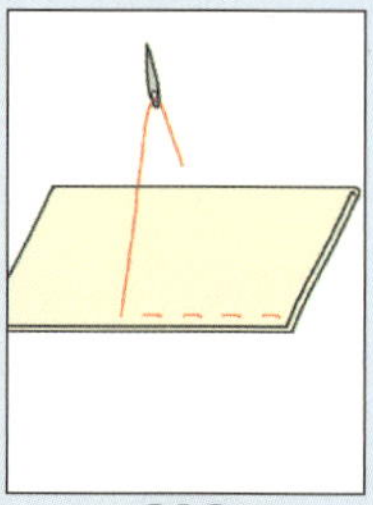
010
家庭

動　作 (SUD102)

011
走る

012
歩く

013
体を曲げる

014
立つ、立ち上がる

015
椅子に座る

016
体育座りをする

017
体操をする

018
抱っこする

019
おんぶする

020
スキップする

021
手をつなぐ

022
ジャンプする

023
なわとびをする

024
箱に入れる

025
持っていく、運ぶ

026
階段を登る

027
階段を降りる

028
気をつけをする

029
ボールを転がす

030
泳ぐ

031
横になる

032
うつぶせになる

033
手をあげる

034
頭をなでる

035
ノックをする

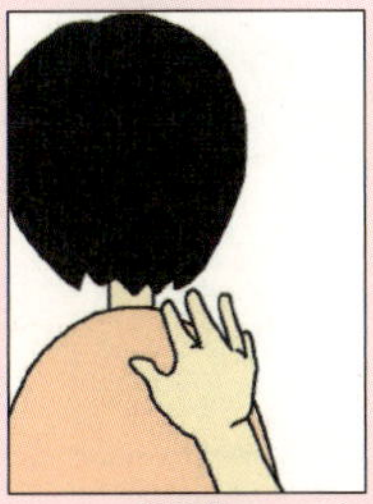
036
トントンと肩をたたく

037
話をする

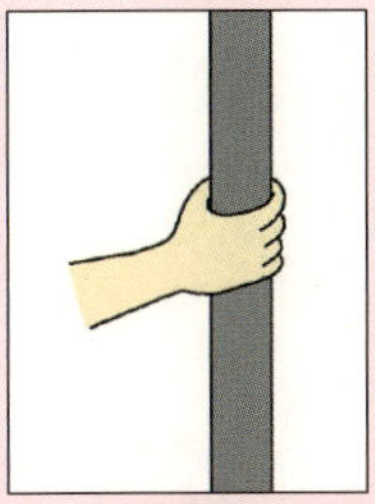
038
にぎる

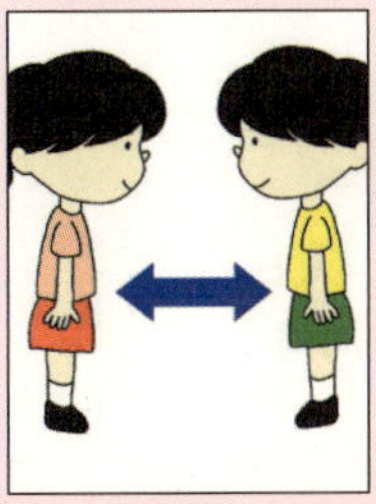
039
間をあける

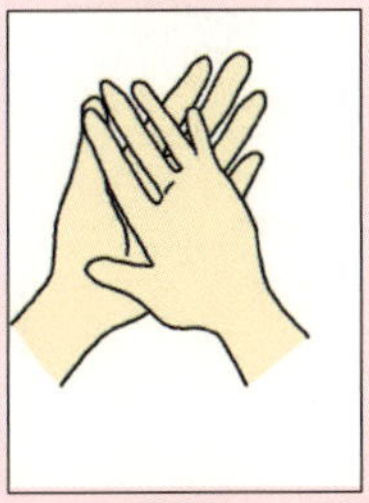
040
拍手する

041
手をひざの上に置く

042
楽器を演奏する

遊　び（SUD103）

043
しゃぼん玉で遊ぶ

044
追いかける

045
折り紙を折る

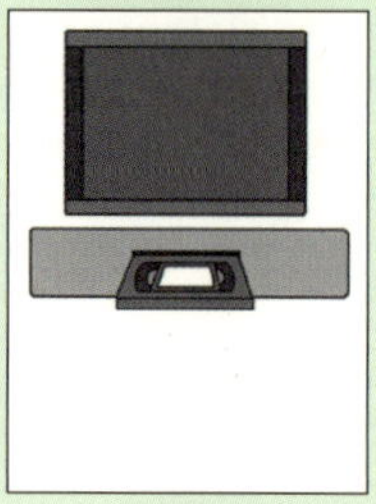
046
ビデオテープをデッキに入れる

047
DVDをデッキに入れる

048
自転車に乗る

049
三輪車に乗る

050
テレビゲームをする

051
携帯のゲームをする

052
ブランコをする

053
滑り台をする

054
ジャングルジムに登る

055
公園に行く

056
ボールをける

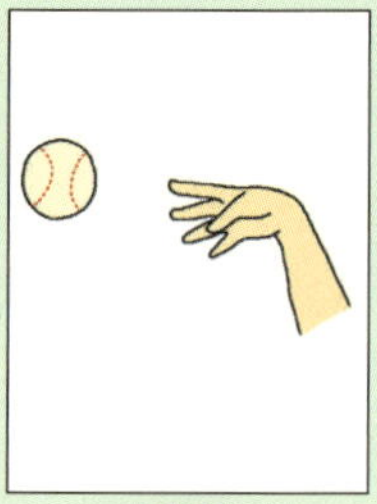
057
ボールを投げる

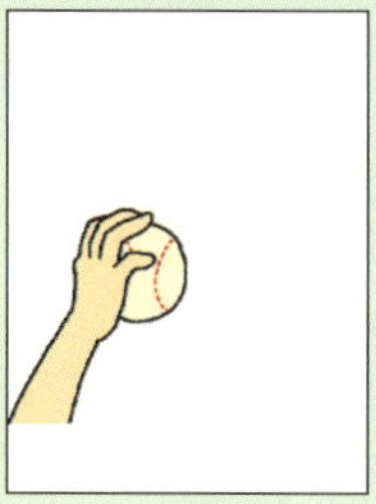
058
ボールを受け取る

059
キャッチボールをする

060
バランスボールで遊ぶ

061
電車を動かして遊ぶ

062
車を動かして遊ぶ

063
雪だるまを作る

064
プールで泳ぐ

065
水遊びをする

066
積み木で遊ぶ

067
砂場で遊ぶ

068
テレビを見る

069
踊る

070
本を読む

071
音楽を聴く

072
くすぐる

073
おもちゃで遊ぶ

課　題（SUD104）

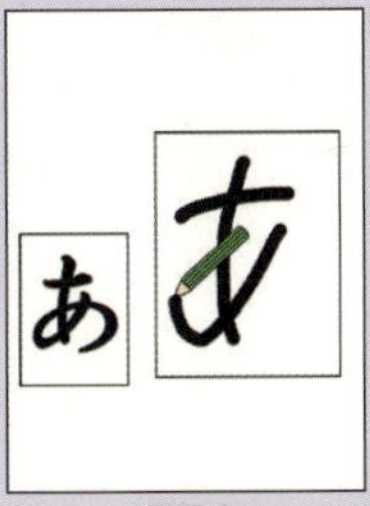

074
文字を写す

075
なぞる

076
パソコンで文字を打つ

077
字を書く

078
絵を描く

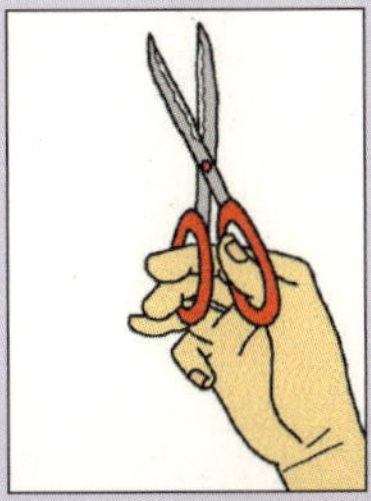

079
はさみで切る

080
歌を歌う

081
のりでつける

082
色を塗る

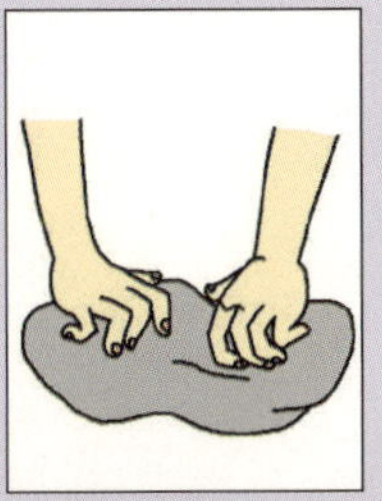

083
粘土をこねる

課題

084
数を数える

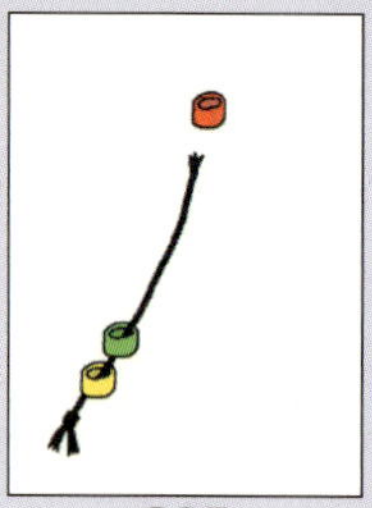
085
ひもに通す

086
植える

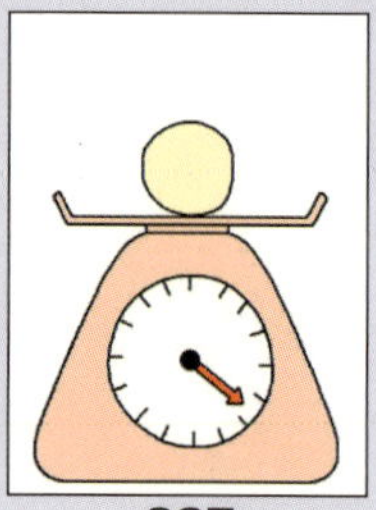
087
重さを測る

088
パズルをする

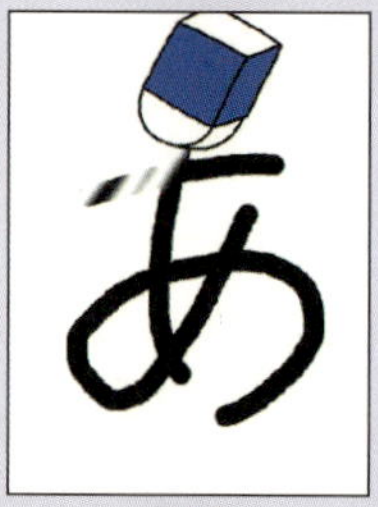
089
消しゴムで消す

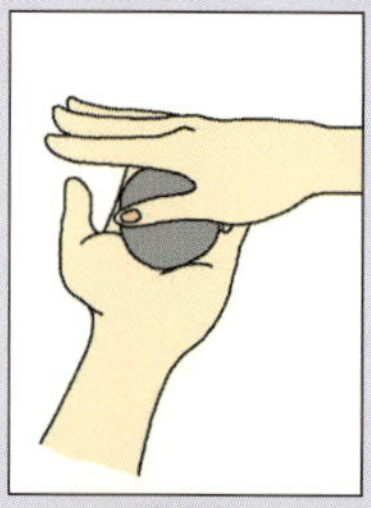
090
粘土を丸める

091
ひもを結ぶ

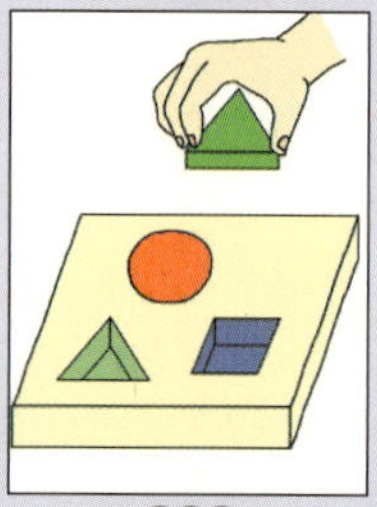
092
かたはめ

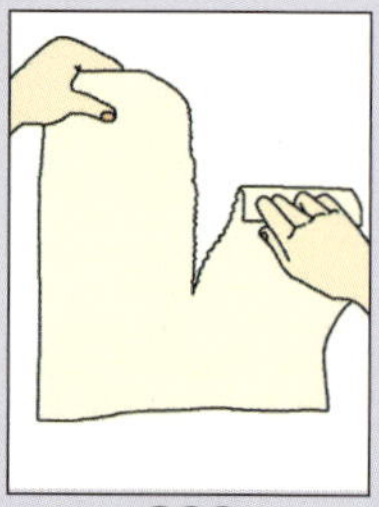
093
紙を破る

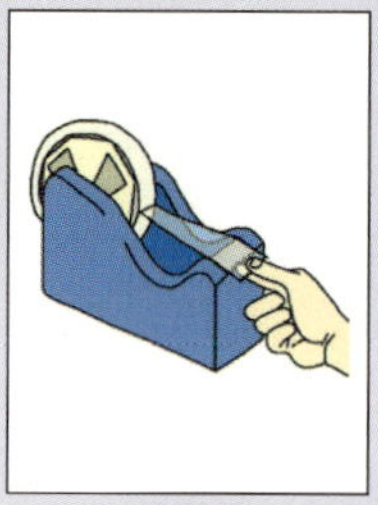
094
テープを貼る

095
黒板を消す

行き先（SUD105）

行き先

096
プールに行く

097
体育館に行く

098
保健室に行く

099
作業に行く

100
病院に行く

101
学校に行く

102
家に帰る

103
映画に行く

104
遊園地に行く

105
公園に行く

106
買い物に行く

107
保育園に行く

食（SUD106）

108
食べる

109
かむ

110
飲む

111
いただきます

112
ごちそうさま

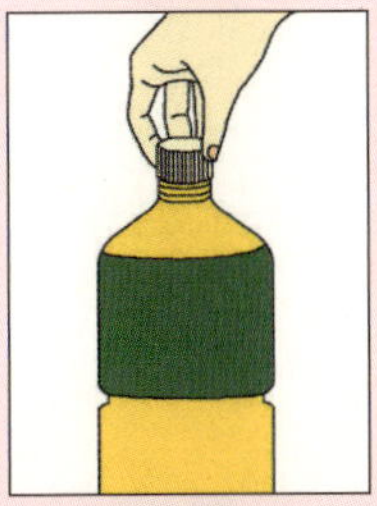
113
ふたを閉める

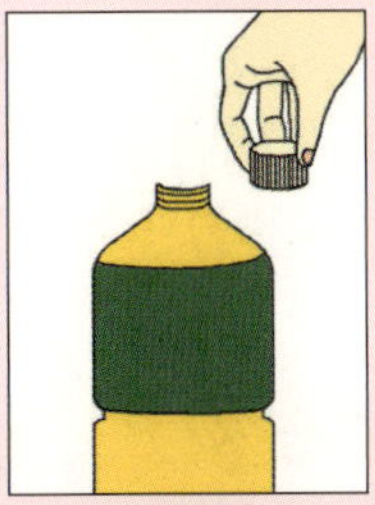
114
ふたを開ける

115
お箸で食べる

116
スプーンで食べる

117
ストローをさす

食

118
飲み込む

119
ケーキの火を消す

住（SUD107）

住

120
髪をくしでとく

121
買い物をする

122
かごをもつ

123
かごの中に入れる（ジュース）

124
かごの中に入れる（お菓子）

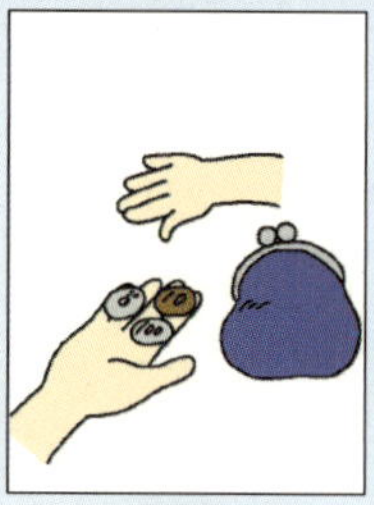
125
お金を渡す

126
ドアを開ける

127
ドアを閉める

128
窓を開ける

129
窓を閉める

130
ごみ箱に捨てる

131
ごみを集める

132
ごみを捨てる

133
ほうきで掃く

134
雑巾をしぼる

135
モップがけをする

136
掃除機をかける

137
雑巾でふく

138
机をふく

139
洗濯機に入れる

140
洗濯物を干す

141
ハンガーにかける

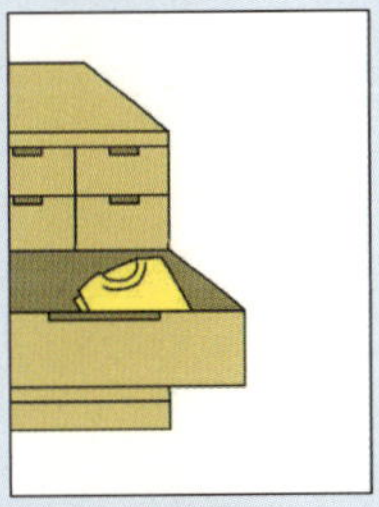
142
たんすにしまう

143
部屋に入る

144
部屋から出る

145
電話をかける

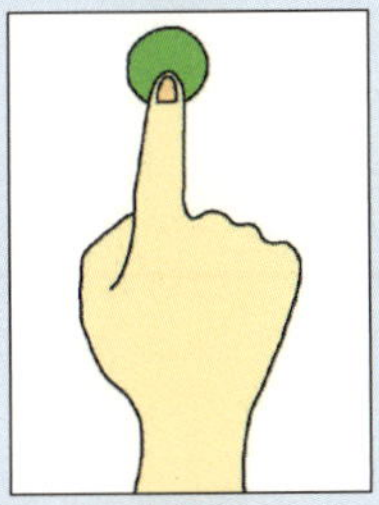
146
ボタンを押す

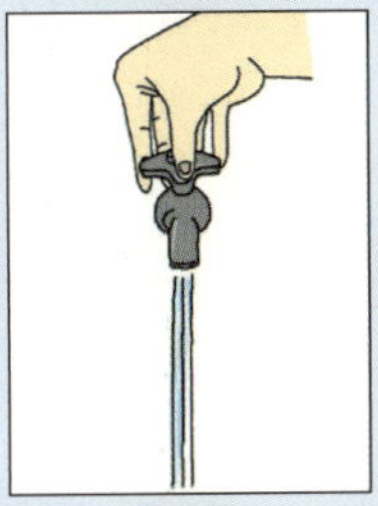
147
蛇口をひねる

148
蛇口を閉める

149
電気をつける

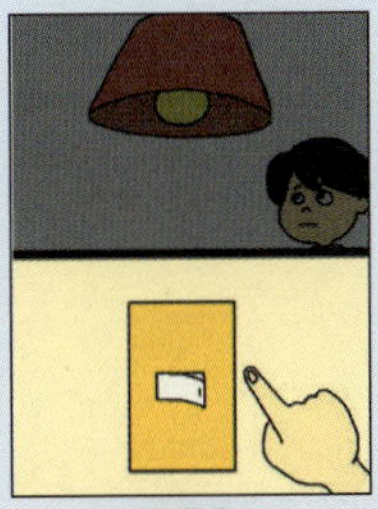
150
電気を消す

151
コンセントをさしこむ

152
コンセントを抜く

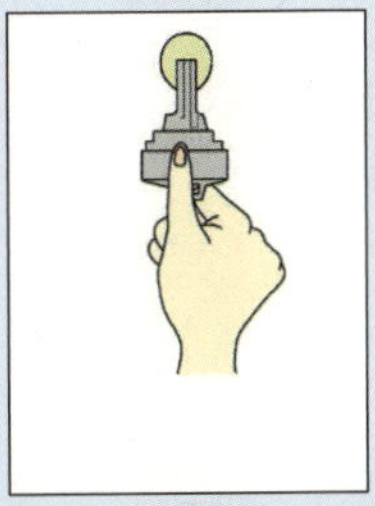
153
カギをかける

154
並ぶ

155
棚に入れる

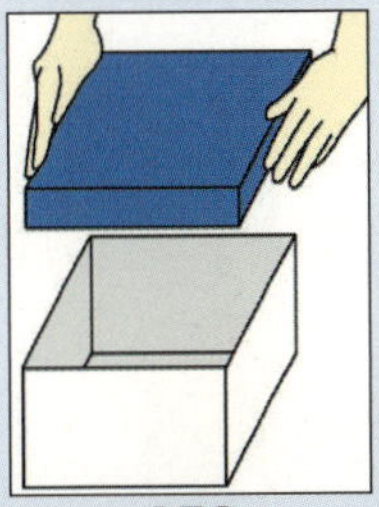
156
箱を開ける

157
かごに片づける

158
車に乗る

159
バスに乗る

住

160
電車に乗る

161
自転車の二人乗り

162
ポストに入れる

163
写真を撮る

164
部屋を片づける

165
花に水をやる

166
花を植える

167
花を摘む

168
草抜きをする

衣（SUD108）

衣

169
帽子をかぶる

170
帽子をぬぐ

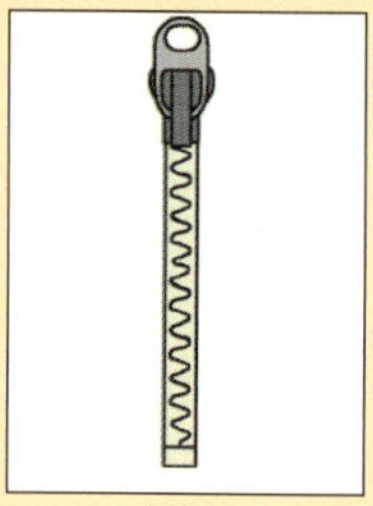
171
ファスナーを上げる

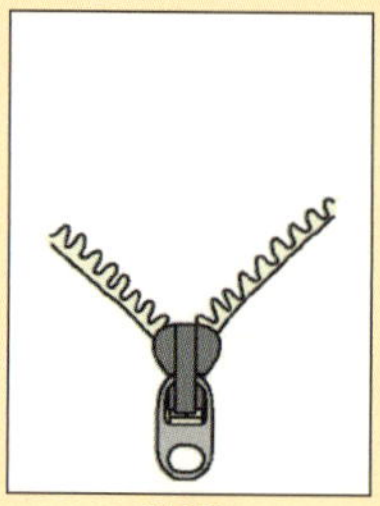
172
ファスナーを下げる

173
パンツを下に下げる

174
パンツを上に上げる

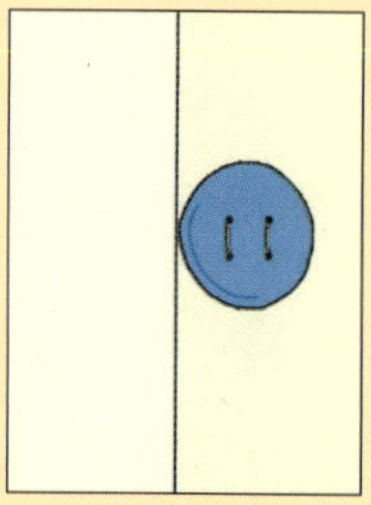
175
ボタンをとめる

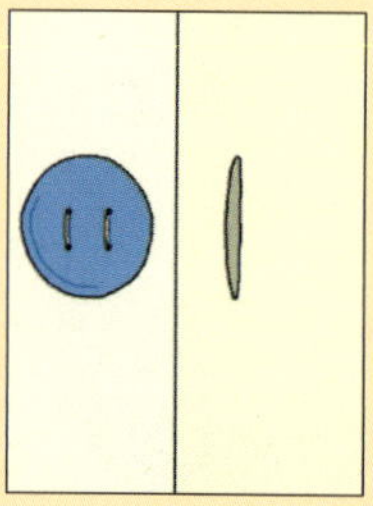
176
ボタンをはずす

177
服を着る

178
服をぬぐ

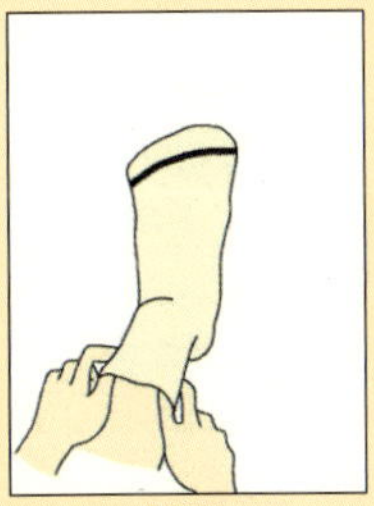
179
靴下をはく

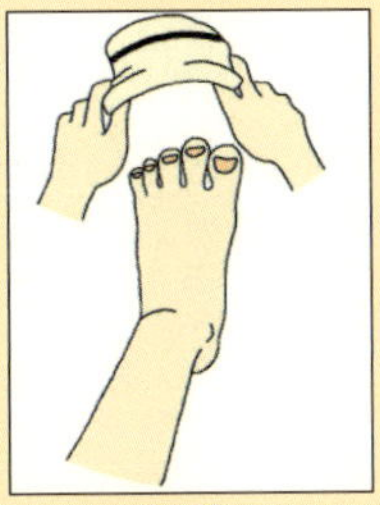
180
靴下をぬぐ

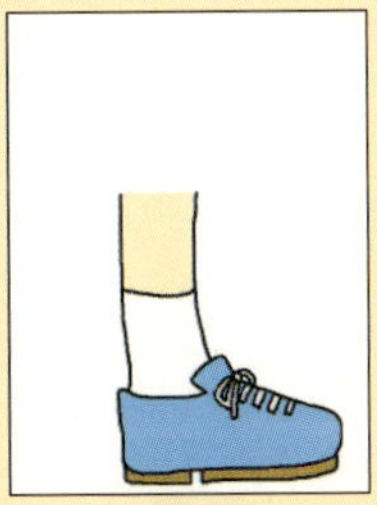
181
靴をはく

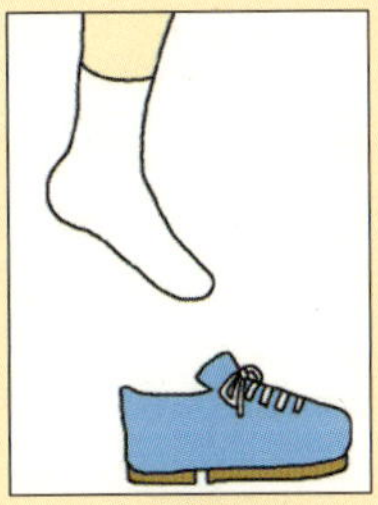
182
靴をぬぐ

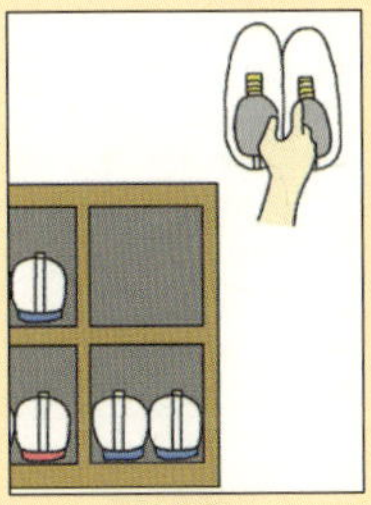
183
靴を下駄箱に入れる

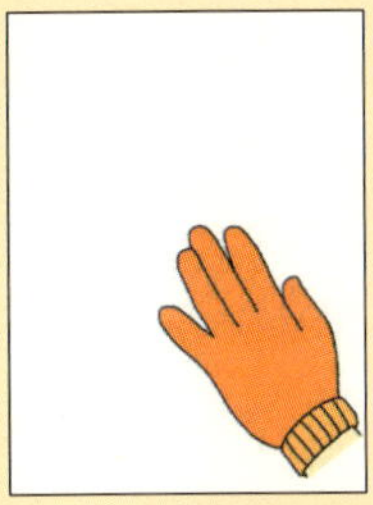
184
手袋をする

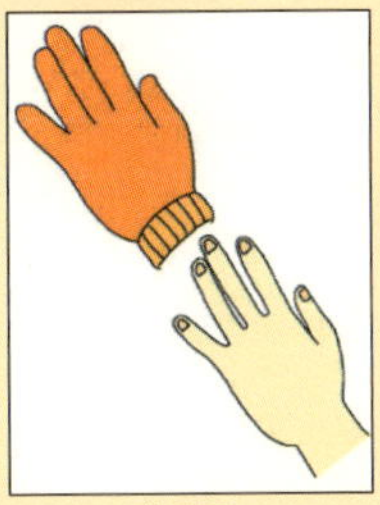
185
手袋をはずす

186
めがねをかける

187
めがねをはずす

188
シャツをズボンの中に入れる

189
服をたたむ

190
タオルをたたむ

191
かばんに入れる

衛生、健康　身だしなみ (SUD109)

192
お風呂に入る

193
体を洗う

194
顔を洗う

195
顔をふく

196
髪をかわかす

衛生、健康　身だしなみ

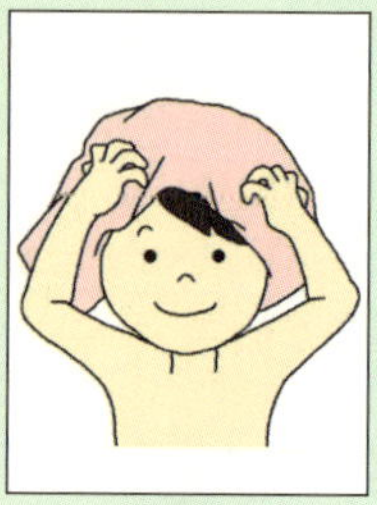
197
髪をふく

198
髪を切る

199
ハンドソープを手にだす

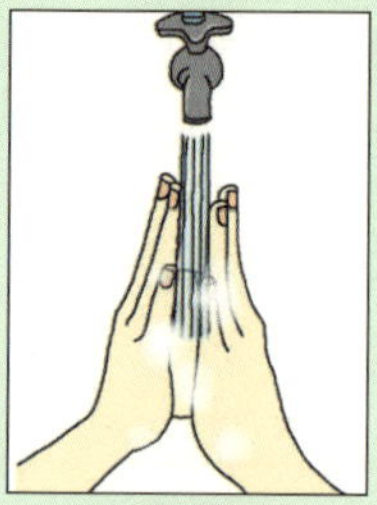
200
手を洗う

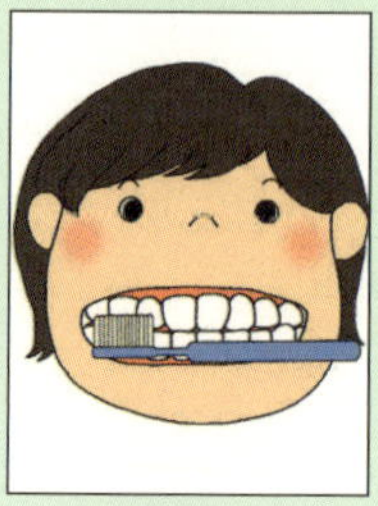
201
歯を磨く（前）

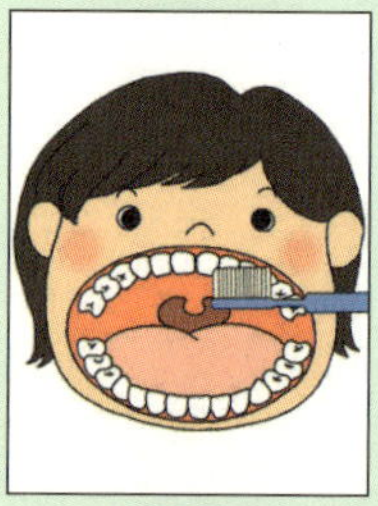
202
歯を磨く（上）

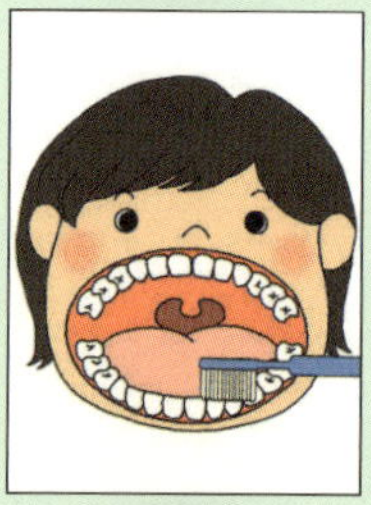
203
歯を磨く（下）

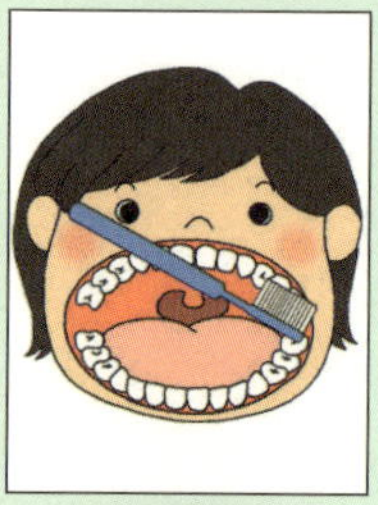
204
歯を磨く（奥右上）

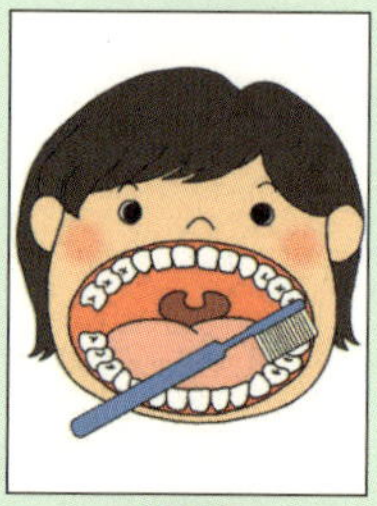
205
歯を磨く（奥右下）

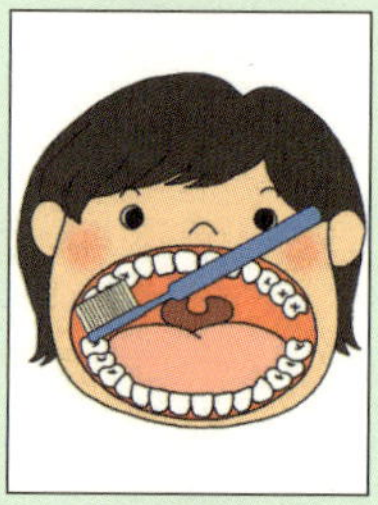
206
歯を磨く（奥左上）

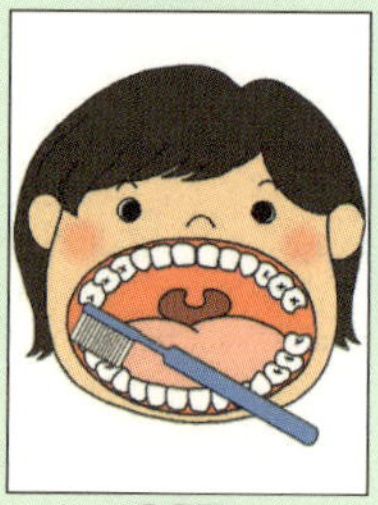
207
歯を磨く（奥左下）

208
うがいをする（ぶくぶく）

209
うがいをする（がらがら）

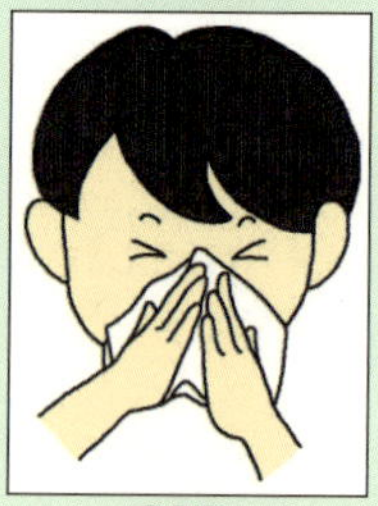
210
鼻をかむ

211
トイレに行く

212
おしりをふく（トイレで）

213
トイレットペーパーの紙を取る

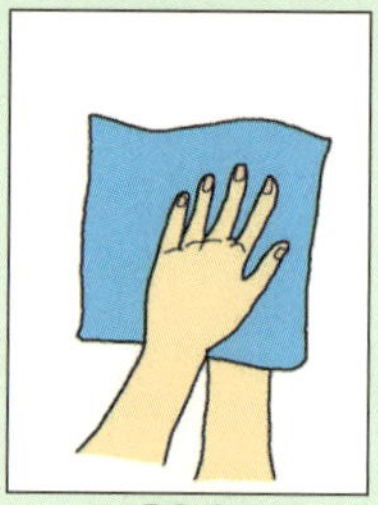
214
手をふく

215
ひげを剃る

216
寝る

217
起きる

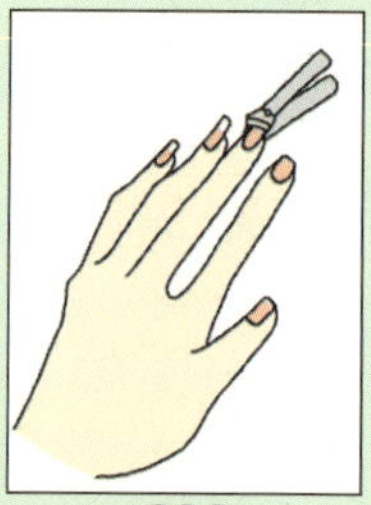
218
爪を切る

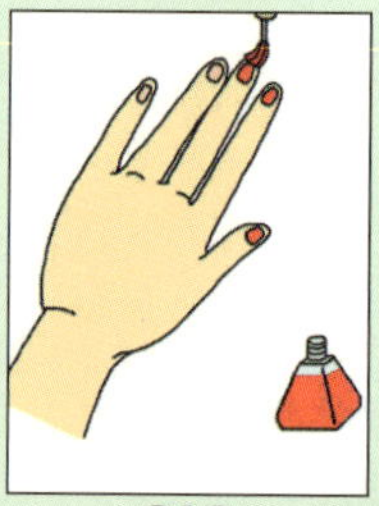
219
マニキュアを塗る

220
化粧をする

医療関係（SUD110）

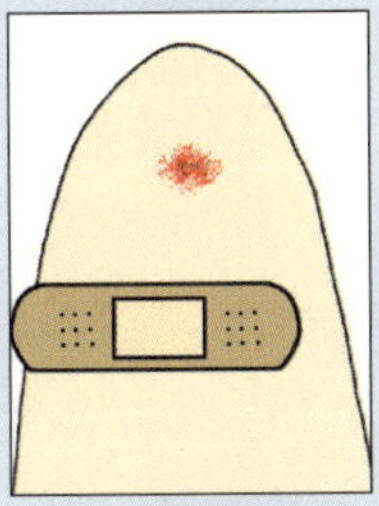
221
ばんそうこうを貼る

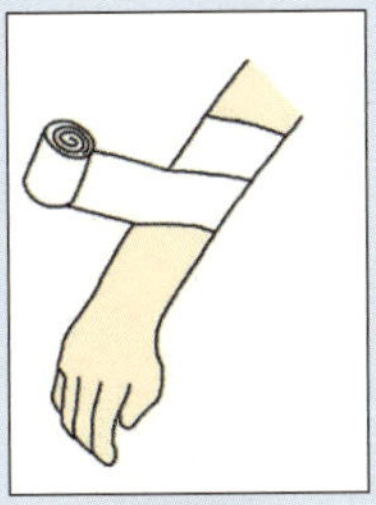
222
包帯を巻く

223
薬を飲む（粉薬）

224
薬を飲む（錠剤）

225
服を上げる（ないか検診時）

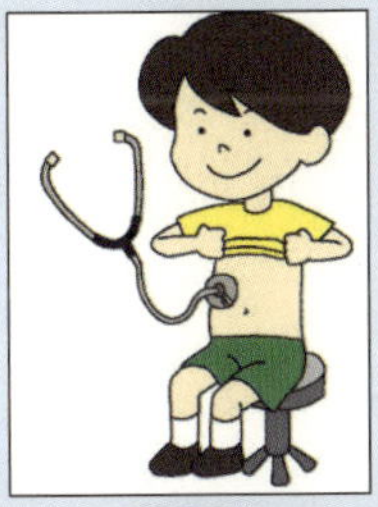
226
聴診器で診る（おなか）

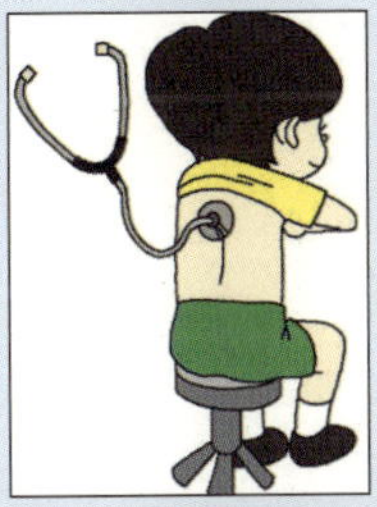
227
聴診器で診る（背中）

228
のどを診る

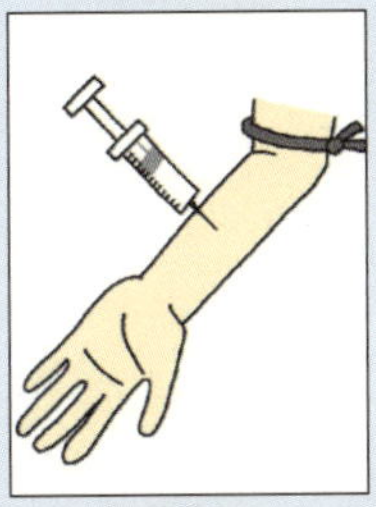
229
注射をする

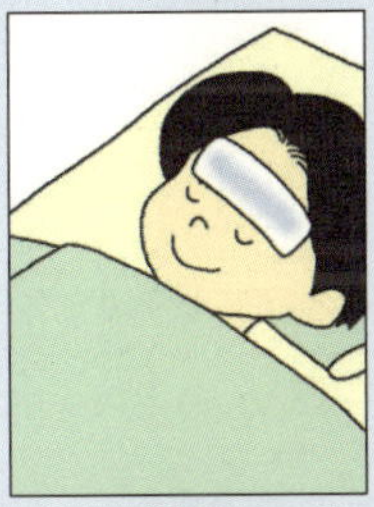
230
頭を冷やす

231
体重計に乗る

232
身長を測る

233
座高を測る

234
視力を測る

235
目を診る

236
口の中を診る

237
耳の中を診る

238
歯を診る

239
診察台に寝る

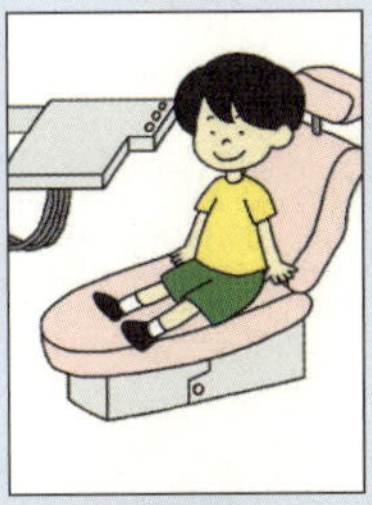
240
歯科の椅子に座る

241
体温を測る（脇で測る）

242
体温を測る（耳で測る）

243
消毒をする

244
うがいをする（ぶくぶく）

245
うがいをする（がらがら）

医療関係

246
口を開ける

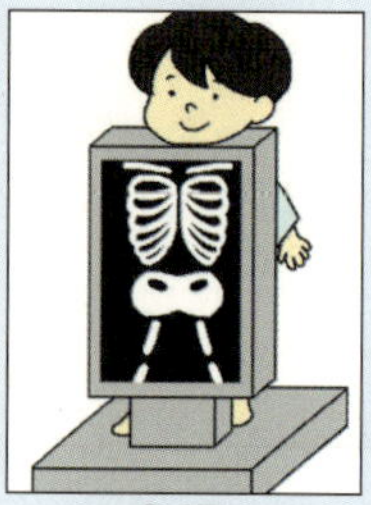
247
レントゲンを撮る

調　理 (SUD111)

248
混ぜる

249
料理をする

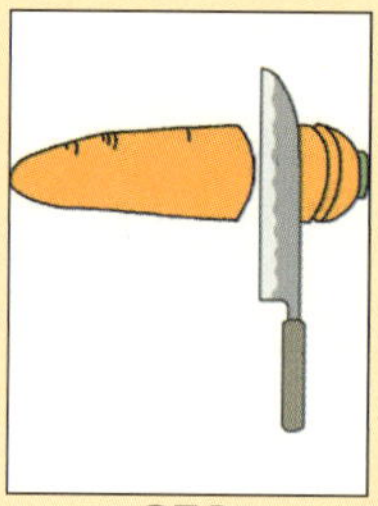
250
包丁で切る

251
鍋に入れる

252
お皿を洗う

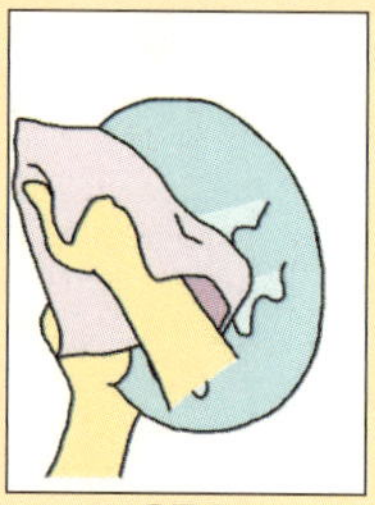
253
お皿をふく

254
水を注ぐ

255
お茶を注ぐ

256
ジュースを注ぐ

257
皮をむく

258
野菜を洗う

感　情（SUD112）

259
怒る

260
笑う

261
楽しい

262
悲しい

263
泣く

264
うれしい

265
少し痛い

266
すごく痛い

267
おもしろい

やめてほしいこと（SUD113）

268
机を手でたたく

269
机に頭をぶつける

270
謝る

271
やけどをする

272
人をたたく

273
ものを壊す

274
人をける

275
人をかむ

276
手をかむ

277
自分の頭をたたく

やめてほしいこと

278
髪をひっぱる

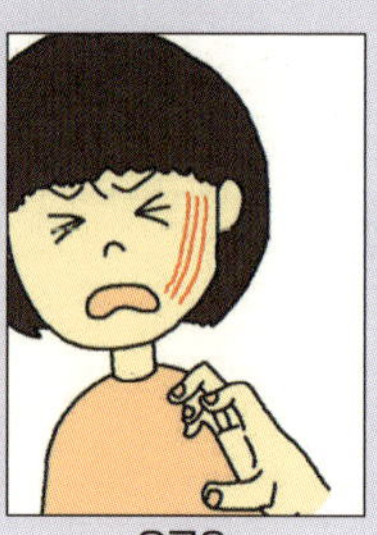
279
人をひっかく

280
大きな声を出す

281
つばをはく

282
鼻をほじる

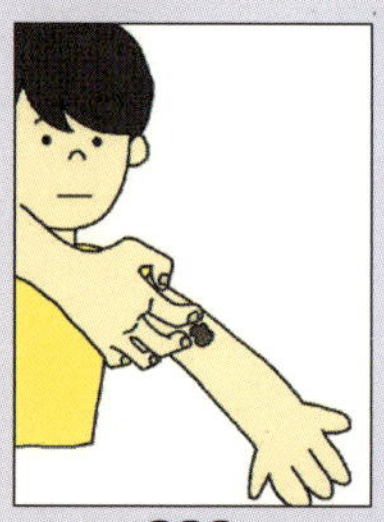
283
かさぶたをかく

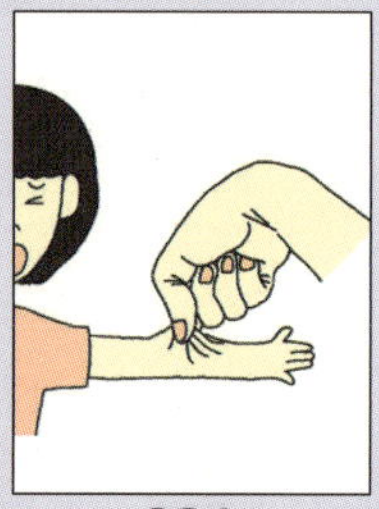
284
腕をつねる

285
髪の毛のにおいをかぐ

286
こぼす

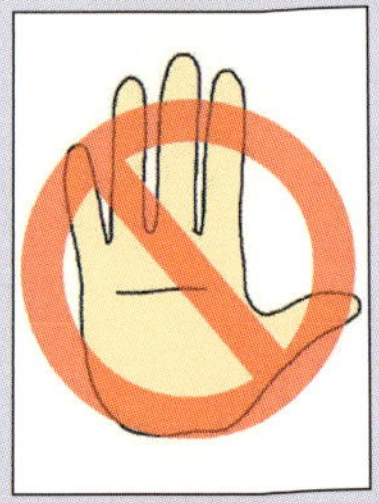
287
やめて

288
静かにします

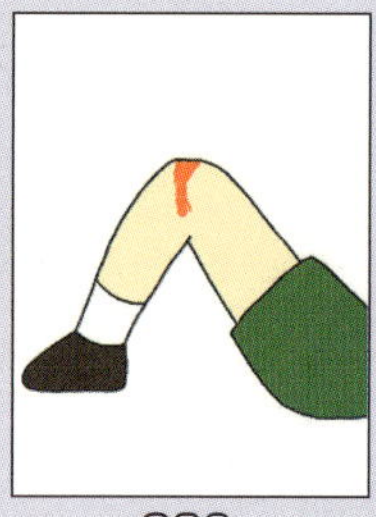
289
ケガをする